FICHA CATALOGRÁFICA

(Preparada na Editora)

Baduy Filho, Antônio, 1943-

B129v   *Vivendo a Doutrina Espírita* - vol. III / Antônio
Baduy Filho, Espírito André Luiz. Araras, SP,
1ª edição, 2015.

320 p.:

ISBN 978-85-7341-662-6

1. Espiritismo. 2. Psicografia - Mensagens
I. André Luiz. II. Título.

CDD -133.9
-133.91

Índices para catálogo sistemático:

1. Espiritismo 133.9
2. Psicografia: Mensagens: Espiritismo 133.91

Vivendo a
DOUTRINA ESPÍRITA

volume *três*

ISBN 978-85-7341-662-6

1ª edição - julho/2015
1ª reimpressão - novembro/2016

Copyright © 2015,
Instituto de Difusão Espírita - IDE

Conselho Editorial:
Hércio Marcos Cintra Arantes
Doralice Scanavini Volk
Wilson Frungilo Júnior

Projeto Editorial:
Jairo Lorenzeti

Revisão de texto:
Mariana Frungilo

Capa:
César França de Oliveira

Diagramação:
Maria Isabel Estéfano Rissi

INSTITUTO DE DIFUSÃO ESPÍRITA - IDE
Av. Otto Barreto, 1067 - Cx. Postal 110
CEP 13600-970 - Araras/SP - Brasil
Fone (19) 3543-2400
CNPJ 44.220.101/0001-43
Inscrição Estadual 182.010.405.118

www.ideeditora.com.br
editorial@ideeditora.com.br

Todos os direitos reservados. Nenhuma parte desta publicação pode ser reproduzida, armazenada ou transmitida, total ou parcialmente, por quaisquer métodos ou processos, sem autorização do detentor do copyright.

Antônio Baduy Filho

Vivendo a DOUTRINA ESPÍRITA

volume três

Comentários ao
"O Livro dos
Espíritos"

pelo Espírito
ANDRÉ LUIZ

ide

SUMÁRIO
volume três

MUNDO ESPÍRITA OU DOS ESPÍRITOS

IX - *Intervenção dos Espíritos no mundo corporal*

295 - Feitiço 14
296 - Ajuda do Alto 16
297 - Feiticeiro 18
298 - Força magnética 21
299 - Misericórdia 23

X - *Ocupações e missões dos Espíritos*

300 - Ocupações espirituais 26
301 - Espíritos ociosos 28
302 - Presença espiritual 30
303 - Convivência 32
304 - Com você 34
305 - Missão 36
306 - Aquela missão 38
307 - Missão do bem 40
308 - O que falta 42
309 - Filhos 44
310 - Com respeito 46

XI - *Os três reinos*

311 - Criação 49
312 - A planta e você 51
313 - Instinto animal 53
314 - Linguagem 55
315 - Liberdade 57
316 - Imitação 59
317 - Corpo e alma 61
318 - Inteligência humana 63

319 - Não permita 65
320 - Espírito milenar 67
321 - Aproveite 69

AS LEIS MORAIS
I - *Lei divina ou natural*

322 - Lei natural 72
323 - Lei divina 74
324 - Lei de Deus 76
325 - Exemplo vivo 78
326 - Gratidão a Jesus 80
327 - Antes de Jesus 83
328 - O Espiritismo diz 85
329 - Verdade 87
330 - É o mesmo 89
331 - Vida pessoal 91
332 - Melhor caminho 94
333 - Obediência 96
334 - É bom saber 98
335 - Você diz 100
336 - Sócio 102
337 - Cúmplice 104
338 - Ainda que 106
339 - Com certeza 108
340 - Campo de prova 110
341 - Mérito do bem 112
342 - Amor ao próximo 114

II - *Lei de adoração*

343 - Sem dúvida 117
344 - Amor a Deus 119
345 - Prática religiosa 121
346 - Intenção 123
347 - Presença do Bem 125
348 - Socorro do Alto 127
349 - Corrija 129
350 - Por alguém 131
351 - Diante da prova 133
352 - Lembre-se deles 135
353 - Compreenda 137
354 - Deuses 139
355 - Sacrifício útil 141
356 - Sem agressão 143
357 - Oferenda 145
358 - Mais autêntico 147

III - *Lei do trabalho*

359 - Trabalhe............ 150
360 - Trabalho digno.......... 152
361 - Animais............ 154
362 - Sobrevivência.......... 156
363 - Invalidez............ 158
364 - Assistência.......... 160
365 - Repouso............ 162
366 - Exigência............ 164
367 - Velhice............ 166

IV - *Lei de reprodução*

368 - Seus filhos............ 169
369 - Recursos do bem.......... 172
370 - Etiqueta............ 174
371 - Promessas............ 176
372 - Obstáculo............ 178
373 - Exigências do corpo......... 180
374 - Convivência a dois......... 182
375 - Para sempre........... 184
376 - Egoísmo............ 186
377 - Humanidade............ 188
378 - Poligamia............ 190

V - *Lei de conservação*

379 - Conservação........... 193
380 - Teste do Bem.......... 195
381 - Irmão do caminho.......... 197
382 - Reforço............ 199
383 - Não precisa........... 201
384 - Direito de viver.......... 203
385 - Razão............ 205
386 - Excesso............ 207
387 - Livre............ 209
388 - Supérfluo............ 211
389 - Caminho certo.......... 213
390 - Sem abuso........... 215
391 - Prazer inútil........... 217
392 - Penitência........... 219
393 - Alimento............ 221
394 - Sacrifício............ 223
395 - Sofrimento voluntário......... 225

VI - *Lei de destruição*

396 - Destruição........... 228

397 - Cada vez mais 230
398 - Vida melhor 232
399 - Em você 234
400 - Harmonia 236
401 - Flagelos destruidores 238
402 - Flagelos morais 240
403 - Guerra fácil 242
404 - Guerra necessária 244
405 - Não mate 246
406 - Legítima defesa 248
407 - Delitos morais 250
408 - Crueldade 252
409 - Instinto cruel 254
410 - Duelos modernos 256
411 - Ponto de honra 258
412 - Elimine 260

VII - *Lei de sociedade*

413 - Vida social 263
414 - Convivência social 265
415 - Isolamento 267
416 - Voto de silêncio 269
417 - Laços de família 271

VIII - *Lei do progresso*

418 - Exigências do progresso 274
419 - Bússola 276
420 - Crises 278
421 - Impedimentos 280
422 - Povos e famílias 282
423 - Indiferença 284
424 - Aperfeiçoamento 286
425 - Amanhã 288
426 - Não se descuide 290
427 - Mais adiante 292
428 - De volta 294
429 - No futuro 297
430 - Progresso moral 299
431 - Jugo material 301
432 - Com exemplo 303

IX - *Lei de igualdade*

433 - Igualdade 306
434 - Aptidão 308
435 - Objetivo definido 310
436 - Ferramenta útil 312

COLEÇÃO ▶ VIVENDO A DOUTRINA ESPÍRITA

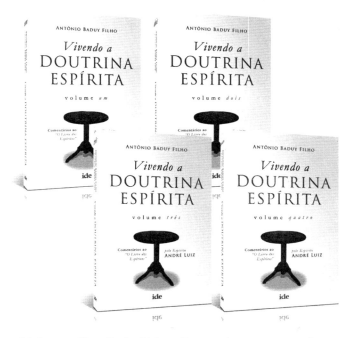

Volumes Um, Dois, Três e Quatro | Espírito ANDRÉ LUIZ

Esta é mais uma coleção do Espírito André Luiz, através da mediunidade de Antônio Baduy Filho, desta feita, acompanhando as questões de "O Livro dos Espíritos", de Allan Kardec.

Trata-se de quatro preciosos volumes que, obedecendo a sequência e a mesma ordem dos capítulos e das questões da referida obra, oferecem-nos profundas orientações, em busca da paz e da elevação espiritual.

www.ideeditora.com.br

Mundo Espírita ou dos Espíritos

Capítulo IX

Intervenção dos Espíritos no mundo corporal

295
FEITIÇO

Questão 552

Não se deixe enfeitiçar pela ideia do mal.

Dinheiro fácil?
Recuse.
Busque o trabalho.

Ação desonesta?
Não favoreça.
Viva com decência.

Avidez de fama?
Esqueça.
Tenha nome digno.

Erro consciente?
Não cometa.
Tome decisão certa.

Atitude hipócrita?
Rejeite.
Cultive sinceridade.

Riqueza espúria?
Não queira.
Ganhe com honradez.

Incentivo à trapaça?
Desista.
Siga com correção.

Estímulo ao conflito?
Não concorde.
Fique com a paz.

Sugestão à violência?
Afaste.
Aja com brandura.

Convite ao ódio?
Não aceite.
Resolva com amor.

ॐ

Escolha sempre o caminho do bem e não dê guarida ao alvitre do mal. Feitiço é superstição e só assusta se você acredita nela.

296

AJUDA DO ALTO

Questões 553 e 554

Você busca a ajuda do Alto através de meios mágicos.

Usa a fórmula pronta.
Recita com convicção.
Confia na força.
Pronuncia o pedido.
Espera acontecer.
Nem sempre acontece.

Usa o verbo cabalístico.
Repete com vigor.
Confia no poder.
Expressa o desejo.
Espera a realização.
Nem sempre se realiza.

Usa o talismã.
Guarda consigo.
Confia nele.
Diz o que quer.
Espera alcançar.
Nem sempre alcança.

Usa o amuleto.
Carrega bem visível.
Confia na defesa.
Pede proteção.
Espera conseguir.
Nem sempre consegue.

Usa a figa.
Coloca à mostra.
Confia no objeto.
Roga a providência.
Espera ocorrer.
Nem sempre ocorre.

Usa a medalha.
Põe em evidência.
Confia na efígie.
Requer o auxílio.
Espera ser atendido.
Nem sempre é possível.

❧

Ajuda do Alto depende do merecimento de quem pede e pensamento afinado com o bem. Caso contrário, Espíritos inferiores interferem e o socorro almejado se transforma em dificuldade imprevista.

297

FEITICEIRO

Questão 555

Exerces a tarefa mediúnica em benefício do próximo, mas nem sempre recebes a compreensão.

Escreves a página.
Consolas o aflito.
Orientas o descrente.
Mas alguém discorda.
E recebes a agressão.

Enxergas o além.
Identificas o familiar.
Passas a notícia.
Mas alguém duvida.
E recebes o ataque.

Ouves o outro lado.
Falas com o Alto.
Transmites o recado.
Mas alguém nega.
E recebes a injúria.

Socorres o doente.
Oras em favor dele.
Ofertas a energia.
Mas alguém zomba.
E recebes a ironia.

Acolhes o sofredor.
Emprestas o corpo.
Ofereces a voz.
Mas alguém contesta.
E recebes a suspeita.

Fazes a premonição.
Antecipas o evento.
Aconselhas cautela.
Mas alguém se irrita.
E recebes a acusação.

Se entendes a mediunidade como mandato que a Misericórdia Divina te concede, não te envaideças pelo fenômeno que encanta nem te desanimes pela crítica que ofende.

Não importa que sofras, importa que alivies o sofrimento de alguém. Não importa que chores no

Vivendo a DOUTRINA ESPÍRITA 🐛 19

silêncio de tua solidão, importa que enxugues as lágrimas do infeliz. Não importa a agressão dos companheiros mais íntimos que desertaram de tua companhia, importa que não negues a palavra de compreensão a todos que titubeiam no caminho. Não importa a leviandade dos que tentam te ferir com a zombaria, chamando-te de feiticeiro, importa que estejas sempre impregnado de amor e devotamento, para que não faltes com a caridade ao próximo.

E se, alguma vez, te sentires tentado a desistir, roga a Jesus que te fortaleça o ânimo e verás que o Mestre Divino te afagará o coração amargurado e dirá com doçura e energia: "Vem comigo. Toma tua cruz e segue meus passos."

298
FORÇA MAGNÉTICA

Questão 556

Se tens a força magnética e buscas a assistência dos bons Espíritos, presta atenção em tua conduta.

❦

Trabalha sério.
A leviandade perturba.

Age contente.
O mau humor é veneno.

Tem simplicidade.
A afetação desagrega.

Foge do elogio.
O confete é desastre.

Evita publicidade.
A propaganda inventa.

Afasta o interesse.
O comércio é exploração.

Atende de graça.
A cobrança prejudica.

Sê natural.
O espetáculo é desvio.

Guarda silêncio.
O falatório desorganiza.

Cultiva honestidade.
A honradez é referência.

❧

No exercício da mediunidade curadora, toma cuidado com tuas atitudes e não te percas no labirinto do personalismo. Mantém os passos no caminho reto e cultiva o sentimento puro de caridade, amando e servindo sem exigências.

Diante do enfermo que busca o socorro de tuas mãos, lembra-te de Jesus, o Excelso Médium de Deus que curou os doentes e acendeu a esperança nos aflitos, abre teu coração aos influxos do Alto e diz com fé e humildade: "Senhor, estou aqui. Faze de mim instrumento de Tua bondade."

299

MISERICÓRDIA

Questão 557

Use o bom senso e a caridade a quem lhe queira mal.

ॐ

Ofensa?
O bom senso é esquecer.
A caridade, o perdão.

Calúnia?
O bom senso é silenciar.
A caridade, a tolerância.

Intriga?
O bom senso é esclarecer.
A caridade, a paciência.

Agressão?
O bom senso é não revidar.
A caridade, a desculpa.

Ironia?
O bom senso é não ligar.
A caridade, a benevolência.

Provocação?
O bom senso é desconhecer.
A caridade, a indulgência.

Desprezo?
O bom senso é superar.
A caridade, o entendimento.

Ódio?
O bom senso é não devolver.
A caridade, o amor.

❧

Diante de quem não lhe reconhece o sentimento do bem e lhe atira as imprecações do mal, o bom senso é entregá-lo à Lei Divina, e a caridade é pedir a Deus misericórdia para ele.

Mundo Espírita ou dos Espíritos

Capítulo X

Ocupações e missões dos Espíritos

300

OCUPAÇÕES ESPIRITUAIS

Questões 558 a 563

Faça hoje um exame de si mesmo e veja como você seria agora no mundo espiritual.

Ativo
ou ocioso?

Obediente
ou rebelde?

Brando
ou agressivo?

Lúcido
ou confuso?

Desprendido
ou egoísta?

Tolerante
ou impertinente?

Pacífico
ou revoltado?

Calmo
ou irritadiço?

Confiante
ou indeciso?

Sensato
ou leviano?

Solidário
ou invejoso?

Humilde
ou arrogante?

Sincero
ou hipócrita?

Benevolente
ou mesquinho?

❧

Não descuide da transformação moral enquanto no corpo físico, a fim de que, mais tarde, como Espírito, suas ocupações sejam alicerçadas na vivência do bem.

Vivendo a DOUTRINA ESPÍRITA ❧ 27

301
ESPÍRITOS OCIOSOS

Questão 564

Observe que, muitas vezes, você quer agir e não consegue.

Há trabalho a realizar.
O material está pronto.
Mas chega o desânimo.
E você se acomoda.

Há objetivo a atingir.
O roteiro está traçado.
Mas ocorre a fadiga.
E você descansa.

Há tarefa a executar.
A decisão está tomada.
Mas aparece a dúvida.
E você se aquieta.

Há caminho a seguir.
O trajeto está resolvido.
Mas acontece o medo.
E você recua.

Há doente a socorrer.
A receita está aviada.
Mas surge o egoísmo.
E você se recolhe.

Há dever a cumprir.
O ajuste está feito.
Mas se dá a apatia.
E você desiste.

Há estudo a fazer.
O teste está marcado.
Mas vem a preguiça.
E você se esquece.

Há perdão a conceder.
O intento está maduro.
Mas sucede o orgulho.
E você recusa.

৯

Nessas circunstâncias, sua dificuldade está sempre reforçada pela sugestão de mentes fora do corpo, acomodadas na inutilidade. Sintonize, pois, seu pensamento com os trabalhadores ativos do mundo espiritual, a fim de que a influência de Espíritos ociosos não lhe impeça as iniciativas do bem.

Vivendo a DOUTRINA ESPÍRITA ৯ 29

302
PRESENÇA ESPIRITUAL

Questões 565 e 566

Espíritos se interessam pelo que você é e o que faz.

É pintor.
De quadro nobre
ou tela deprimente?

É poeta.
De estrofes sérias
ou versos picantes?

É escultor.
De obra artística
ou figura retorcida?

É músico.
De nota melódica
ou ritmo confuso?

É escritor.
De tema instrutivo
ou enredo vazio?

É negociante.
De bens honestos
ou sem escrúpulos?

É empresário.
De trabalho certo
ou emprego injusto?

É estudante.
De proveito
ou perda de tempo?

É professor.
De aula útil
ou sem conteúdo?

É dirigente.
De bom senso
ou baldo de juízo?

❧

Preste atenção em sua conduta e escolha o bem como objetivo de vida, na certeza de que, em qualquer atividade, a presença espiritual, boa ou má, depende sempre de você.

303
CONVIVÊNCIA

Questão 567

Espíritos estão presentes em diversas situações do mundo físico.

Com benfeitores –
orientam o benefício.

Com delinquentes –
participam do delito.

Com artistas –
auxiliam no trabalho.

Com desonestos –
fortalecem o desvio.

Com professores –
sugerem ideias.

Com avarentos –
incitam a sovinice.

Com poetas –
inspiram os versos.

Com intrigantes –
tramam a mentira.

Com enfermos –
aliviam a provação.

Com egoístas –
detestam o próximo.

Com mansos –
reforçam a brandura.

Com violentos –
estimulam o ódio.

Com caridosos –
semeiam o amor.

❧

Não há barreira intransponível entre os mundos visível e invisível, de tal forma que é inevitável a convivência com os Espíritos, cuja condição moral estará sempre em sintonia com o que você pensa e faz.

304
COM VOCÊ

Questões 568 a 572

Os bons Espíritos estão sempre com você e agem em seu benefício.

Dor?
Aliviam.

Doença?
Amparam.

Provação?
Confortam.

Dúvida?
Orientam.

Trabalho?
Apoiam.

Fé?
Sustentam.

Solidão?
Acompanham.

Tristeza?
Consolam.

Fracasso?
Animam.

Aflição?
Acalmam.

Desânimo?
Estimulam.

Mágoa?
Desfazem.

Raiva?
Neutralizam.

Amor?
Incentivam.

૨ે

Faça por merecer a ajuda do Alto e dê também aos outros todo o amor que puder, a fim de que este amor reencontre você.

305
MISSÃO

Questão 573

Qualquer que seja sua posição na experiência física, faça o melhor.

❧

Governante?
Promova o bem comum.

Cidadão?
Respeite as leis.

Professor?
Ensine o que sabe.

Aluno?
Aproveite o tempo.

Artista?
Dignifique a arte.

Negociante?
Tenha consciência.

Literato?
Escreva com nobreza.

Magistrado?
Julgue com justiça.

Lavrador?
Proteja o ambiente.

Atleta?
Seja solidário.

Músico?
Honre o talento.

Médico?
Atenda com bondade.

Autoridade?
Aja com bom senso.

૨ۮ

Vivendo sempre o bem e sendo útil ao próximo, tenha a certeza de que você cumpre a missão mais importante.

306
AQUELA MISSÃO

Questão 574

Cumpra sua missão no mundo, qualquer que ela seja.

❧

Pai?

O filho é complicado, mas dialogue sempre com amor.

Esposa?

O marido é impertinente, mas não esqueça a tolerância.

Filho?

O irmão é agressivo, mas conviva com benevolência.

Doador?

O beneficiado age de maneira estranha, mas não desista da fraternidade.

Servidor?

A ingratidão machuca a alma, mas siga adiante com o ideal de servir.

Autoridade?

O subalterno reage com arrogância, mas não abandone o dever.

Mestre?

O aluno não reconhece a dedicação, mas prossiga com devotamento.

Chefe de família?

O parente provoca conflitos, mas não deixe de espalhar a paz.

Diretor?

O grupo enfrenta problemas, mas vá em frente com a responsabilidade.

Médium?

A tarefa é espinhosa, mas não desmereça o compromisso.

¿❧

Rejeite as sugestões da preguiça e cumpra aquela missão que Deus lhe permite, pois o trabalho não realizado agora é com certeza trabalho mais difícil no futuro.

Vivendo a DOUTRINA ESPÍRITA ¿❧ 39

307

MISSÃO DO BEM

Questões 575 a 577

Ainda que você tenha vida rotineira, não deixe de ser instrumento do Alto para o bem comum.

❧

É cientista?

Fique no laboratório. Estude a matéria. Pesquise a fundo. Faça a descoberta. E alivie o enfermo.

É professor?

Permaneça na escola. Frequente a sala de aula. Lecione o de sempre. Devote-se ao ensino. E forme o aluno.

É empresário?

Continue na função. Dirija a empresa. Aumente os negócios. Contrate funcionários. E dignifique o emprego.

É pai de família?
Prossiga na tarefa. Mantenha a casa. Cuide do bem-estar. Dê o melhor exemplo. E crie o bom filho.

É operário?
Compareça ao trabalho. Ande certo. Faça a obrigação. Respeite o horário. Dedique-se ao serviço. E produza para todos.

É apenas alguém?
Estude ou trabalhe. Cultive a paz. Tenha honradez. Viva corretamente. E seja cidadão útil.

₰

Abrace a tarefa de cada dia e, cumprindo o dever que lhe compete em favor do próximo, esteja certo de que, em qualquer circunstância, você possui a missão do bem.

308
O QUE FALTA

Questões 578 a 581

Conheça algumas faltas que levam inevitavelmente aos enganos e à falência no cumprimento de qualquer missão.

❧

Falta de humildade.
A arrogância é o caminho inconveniente. Tome o rumo certo.

Falta de sensatez.
A afoiteza é a direção ao abismo. Utilize o bom senso.

Falta de preparo.
A ignorância é a sombra na tarefa. Acenda a luz do conhecimento.

Falta de coragem.

A tibieza é o desastre no compromisso. Vença o medo com a razão.

Falta de sinceridade.

A hipocrisia é o veneno no relacionamento. Use sempre a franqueza.

Falta de confiança.

A descrença é o fracasso antecipado. Confie na fé que o acolhe.

Falta de caridade.

O egoísmo é o interesse por si próprio. Enxergue antes o bem dos outros.

Falta de esperança.

O desespero é o recuo na batalha. Supere a aflição com o ânimo.

Falta de amor.

O ódio é a destruição do melhor intento. Semeie a fraternidade em seus passos.

≳

O insucesso da missão na existência física se deve sempre à falha do missionário, que traz consigo recursos de sobra, mas lhe falta o essencial, que é a obediência a Deus.

309
FILHOS

Questões 582 e 583

Examine sua conduta perante os filhos.

⋧⋗

É pai rígido que não dialoga e não se abre, mas sempre se impõe?

É mãe impaciente que não tolera e não se controla, mas sempre se irrita?

É pai desatento que não liga e não se interessa, mas sempre disfarça?

É mãe ausente que não corrige e não proíbe, mas sempre permite tudo?

É pai insensível que não sorri e não se aproxima, mas sempre se distancia?

É mãe indiferente que não abraça e não afaga, mas sempre se afasta?

É pai violento que não conversa e não aconselha, mas sempre agride?

É mãe exigente que não ensina e não orienta, mas sempre manda?

೪

Preste atenção em suas atitudes para com os filhos e mobilize amor e devotamento para cumprir a missão de educá-los no caminho do bem, pois a negligência e o desinteresse nos dias de hoje são, com toda a certeza, a dor e a provação no futuro.

310
COM RESPEITO

Questão 584

Cuide para que o interesse pessoal não interfira em sua missão, causando prejuízo ao próximo.

ॐ

Mãe, não compareça à reunião festiva, quando a criança pequena precisa de sua assistência.

Pai, não insista pela diversão no clube de lazer, quando o filho pede sua presença em casa para a orientação urgente.

Médico, não alegue compromisso social para recusar o chamado, quando o cliente não está bem e exige atendimento imediato.

Empregado, não troque o horário de trabalho

por momentos de ociosidade, quando o sustento da família depende da garantia do emprego.

Professor, não faça da sala de aula palanque de pilhérias, quando os alunos necessitam do ensinamento sério em torno da matéria que leciona.

Empresário, não utilize a sociedade para projetos pessoais, quando a estrutura da empresa está alicerçada no interesse de todos.

Governante, não use a obra pública em benefício próprio, quando os governados esperam a realização do bem comum.

Médium, não torne a atividade mediúnica meio de ganhos financeiros, quando a mediunidade é sempre gratuita, em qualquer circunstância.

❧

Trate com respeito a missão que o Alto lhe destina na vida física, certo de que o deslize consciente na tarefa de hoje leva ao acerto de contas com aflição no futuro.

Mundo Espírita ou dos Espíritos

Capítulo XI

Os três reinos

311
CRIAÇÃO

Questão 585

Observe à sua volta o mundo a que você pertence.

A areia
e a pedra.

A nuvem
e a chuva.

O gelo
e o fogo.

O rio
e o deserto.

A planta
e a semente.

A árvore
e o fruto.

O vírus
e o fungo.

A bactéria
e o verme.

A alga
e o molusco.

O peixe
e o anfíbio.

O réptil
e o pássaro.

A lagarta
e o inseto.

O animal
e o homem.

❧

A Natureza é criação divina e, em qualquer circunstância, o respeito que você tenha por ela é sempre respeito à vontade de Deus.

312
A PLANTA E VOCÊ

Questões 586 a 591

Observe o que acontece com a planta e pergunte a si mesmo como você se comporta.

છે.

A planta se dobra durante a aflição da ventania.
E você age com humildade na hora difícil?

A planta resiste à passagem violenta do temporal.
E você suporta com paciência o acontecimento imprevisto?

A planta tolera o inseto incômodo que lhe suga a seiva.
E você aceita sem reclamar a presença inoportuna do parente que o explora?

A planta responde à mutilação da poda com novos brotos repletos de vida.

E você continua no trabalho mesmo depois do golpe da provação?

A planta permanece de pé, ainda quando receba ataques gratuitos de pessoas irresponsáveis.

E você prossegue ativo, embora as referências caluniosas que o agridem?

A planta oferta suas flores e frutos a quem os apanha, sem discriminação.

E você faz o bem a todos, sem distinção de qualquer espécie?

A planta enterra suas raízes com firmeza, garantindo sempre a estabilidade.

E você alicerça suas ideias na fé raciocinada e no bem, sustentando o equilíbrio na vida?

A planta sobrevive de acordo com as leis naturais.

E você aceita o Código Divino na modulação de sua conduta?

❧

A planta não pensa nem sente, mas respeita a Natureza.

É importante analisar se você, que é dotado de razão e sentimentos, cultiva o respeito à vontade de Deus.

313
INSTINTO ANIMAL

Questões 592 e 593

Vença o instinto animal que ainda exista em você e use a razão no momento difícil.

੧৯

Conflito?
Não agrida.
Raciocine.
E solucione.

Medo?
Não ataque.
Pense.
E supere.

Provocação?
Não revide.
Medite.
E releve.

Violência?
Não faça.
Analise.
E acalme-se.

Raiva?
Não guarde.
Reflita.
E neutralize.

Discussão?
Não comece.
Pondere.
E dialogue.

❧

Cuide da renovação íntima e afaste os impulsos instintivos que ainda interferem em suas atitudes, certo de que o instinto é a garantia do animal, mas o que garante você é a inteligência alicerçada no bem.

314
LINGUAGEM

Questão 594

Corrija suas dificuldades de comunicação.

Não grite.
Fale com respeito.

Não xingue.
Fale com equilíbrio.

Não agrida.
Fale com cuidado.

Não ofenda.
Fale com brandura.

Não minta.
Fale com franqueza.

Não zombe.
Fale com educação.

Não despreze.
Fale com simpatia.

Não deboche.
Fale com decência.

Não ostente.
Fale com modéstia.

Não sofisme.
Fale com sensatez.

Não se exalte.
Fale com prudência.

Não confunda.
Fale com bom senso.

Não desacate.
Fale com gentileza.

Não humilhe.
Fale com bondade.

❧

Use a linguagem para ser útil ao próximo. Os animais se comunicam para cooperação mútua, faça você de sua palavra instrumento para o bem de todos.

315
LIBERDADE

Questão 595

Faça a escolha certa, quando tenha que decidir.

Ofensa:
devolve
ou esquece?

Ataque:
revida
ou perdoa?

Provocação:
aceita
ou supera?

Intriga:
repassa
ou desfaz?

Ironia:
cultiva
ou descarta?

Desprezo:
reage
ou tolera?

Ciúme:
alimenta
ou elimina?

Vingança:
planeja
ou desiste?

Trapaça:
admite
ou recusa?

Violência:
pratica
ou afasta?

❧

Diante da transformação moral, não tenha dúvida. Busque sempre as boas obras, na certeza de que você tem muito mais do que liberdade de ação para garantir a sobrevivência, tem livre-arbítrio para escolher o caminho do bem.

316
IMITAÇÃO

Questão 596

Siga o exemplo de quem vive as lições do Evangelho.

Perdoe,
não se vingue.

Entenda,
não censure.

Abençoe,
não agrida.

Ajude,
não se negue.

Trabalhe,
não esmoreça.

Vivendo a DOUTRINA ESPÍRITA

Tolere,
não se irrite.

Assuma,
não se omita.

Ouça,
não se afaste.

Dialogue,
não se exalte.

Converse,
não grite.

Colabore,
não recuse.

Atenda,
não se esconda.

Ame,
não odeie.

❧

Cuide da renovação íntima, transformando-se realmente para melhor, a fim de que suas atitudes, espelhadas no bom exemplo de outros, não sejam simples imitações sem conteúdo próprio.

317
CORPO E ALMA

Questões 597 a 603

Cuide do corpo, mas valorize a alma.

૪ે

Use o alimento,
mas sirva-se do estudo.

Tome banho,
mas higienize as ideias.

Troque de roupa,
mas renove os hábitos.

Trate a ferida,
mas corrija os defeitos.

Pratique esporte,
mas recorra à oração.

Previna a doença,
mas evite o egoísmo.

Vá à caminhada,
mas exercite a virtude.

Tire a ruga,
mas elimine o orgulho.

Pinte os lábios,
mas fale com gentileza.

Conserte a postura,
mas aja com correção.

Faça ginástica,
mas tenha fé no Alto.

Busque a saúde,
mas viva com amor.

ॐ

Cuide, sim, do corpo que lhe permite a experiência da reencarnação, mas não deixe de enriquecer a alma com os tesouros do bem, a fim de que, amanhã, na vida espiritual, você não tenha do que se lamentar.

318
INTELIGÊNCIA HUMANA

Questões 604 e 606

Use sua inteligência para solucionar os problemas materiais, mas também para realizar a transformação moral;

para construir com requinte a casa que sempre desejou, mas também para edificar com os recursos do bem sua morada interior;

para amealhar conhecimentos de natureza científica, objetivando o bem-estar material, mas também para reunir lições de conteúdo superior com vistas ao futuro do Espírito;

para viajar longas distâncias, conhecendo as culturas mais diversas no mundo, mas também para percorrer os estudos repletos de experiências que comprovam a vida espiritual;

para administrar com segurança o negócio que dá lucros, mas também para conduzir com bom senso o patrimônio moral, rumo à conquista da perfeição;

para conservar os bens terrenos nas posições vantajosas do rendimento, mas também para manter as qualidades íntimas nas condições de servir o bem comum;

para traçar com os familiares o roteiro de diversões nas férias programadas, mas também para elaborar com os companheiros o esquema de assistência fraterna na entidade a que pertence;

para galgar os degraus promocionais na diretoria da empresa a que se liga, mas também para subir os patamares da escala de espiritualidade na trajetória evolutiva;

para ocupar o cargo de evidência que alcançou na administração de caráter amplo, mas também para socorrer no anonimato os irmãos em necessidade.

ﻉ&

Use sua inteligência para garantir os interesses da vida terrena, mas não se esqueça de que a inteligência humana, cuja origem se perde no passado remoto, é o instrumento que você tem para conquistar a evolução espiritual.

319
NÃO PERMITA

Questão 605

Atenda aos reclamos do corpo, mas não se deixe escravizar por ele.

Fome?
Coma,
mas sem gulodice.

Sede?
Beba,
mas sem desmando.

Cansaço?
Descanse,
mas sem comodismo.

Roupa?
Vista,
mas sem exagero.

Exercício?
Pratique,
mas sem excesso.

Dieta?
Siga,
mas sem fanatismo.

Maquiagem?
Utilize,
mas sem abuso.

Massagem?
Use,
mas sem fantasia.

Ginástica?
Faça,
mas sem ideia fixa.

Beleza?
Busque,
mas sem obsessão.

કૐ

O corpo é veículo do Espírito para as experiências na vida física. Tenha por ele todo o respeito, mas não permita que a influência da matéria lhe atrase o esforço de transformação moral.

320
ESPÍRITO MILENAR

Questões 607 a 610

Valorize seu Espírito pelo que ele tem e lhe permite fazer. Tem riqueza interior e você usa;

emoções
e você sente;

razão
e você pensa;

ideias
e você cria;

fantasias
e você imagina;

memória
e você recorda;

livre-arbítrio
e você escolhe;

discernimento
e você percebe;

bom senso
e você acerta;

vontade
e você deseja;

fé
e você acredita;

talento
e você utiliza;

meta
e você persegue;

sentimento
e você ama.

ॐ

Diante do Espírito milenar em sua trajetória evolutiva, observe a grandeza da Criação Divina e faça sua parte, aprimorando as qualidades morais, a fim de que você seja digno do destino que Deus lhe deu.

321
APROVEITE

Questões 611 a 613

Analise suas imperfeições e escolha as soluções do Evangelho.

Irritação?
É desgaste.
Escolha a paciência.

Grosseria?
É ignorância.
Escolha a gentileza.

Agressão?
É estupidez.
Escolha a brandura.

Ciúme?
É dúvida.
Escolha a confiança.

Aflição?
É descrença.
Escolha a fé sincera.

Inveja?
É despeito.
Escolha o concurso.

Egoísmo?
É desastre.
Escolha a caridade.

Vingança?
É atraso.
Escolha o perdão.

Orgulho?
É tolice.
Escolha a modéstia.

Ódio?
É loucura.
Escolha o amor.

❧

A reencarnação é oportunidade de aperfeiçoamento íntimo, e se você é capaz de resolver seu caminho, então, pense no bem e escolha o melhor.

As Leis Morais

Capítulo I

Lei divina ou natural

322
LEI NATURAL

Questões 614 a 616

Coloque em seu caminho

o respeito
e a correção,

a honradez
e a franqueza,

a brandura
e a benevolência,

a fé
e a esperança,

a coragem
e a lealdade,

a indulgência
e o perdão,

a calma
e a paciência,

a humildade
e a modéstia,

o trabalho
e a disciplina,

o progresso
e a solidariedade,

a harmonia
e a paz,

o bem
e a justiça,

o amor
e a caridade.

❧

Agindo assim, de acordo com as lições do Evangelho, você será obediente à lei natural, que é eterna e imutável, porque vem de Deus.

323
LEI DIVINA

Questões 617 e 618

Quando você observa

o espaço
e o universo,

a estrela
e a galáxia,

o sol
e o planeta,

a órbita
e o satélite,

o cometa
e o meteoro,

o raio
e o trovão,

a nuvem
e a chuva,

o vento
e a areia,

o gelo
e o fogo,

a fonte
e a rocha,

o mar
e a floresta,

a planta
e o animal,

a semente
e a vida,

quando toda essa harmonia acontece à sua volta, fique certo de que você está assistindo à manifestação da Lei Divina.

324
LEI DE DEUS

Questões 619 a 621

Leia na própria consciência a Lei de Deus e tenha por ela a devida consideração.

Água?
Não contamine.

Planta?
Não destrua.

Ar?
Não altere.

Terra?
Não estrague.

Clima?
Não prejudique.

Animal?
Não abuse.

Corpo?
Não agrida.

Alma?
Não despreze.

Trabalho?
Não rejeite.

Família?
Não esqueça.

Fé?
Não descreia.

Justiça?
Não adie.

Caridade?
Não negue.

Amor?
Não se omita.

❧

Estude e entenda a Lei de Deus, que é a presença do bem na matéria e no espírito, de tal forma que longe dela você estará certamente órfão da paz e da felicidade.

325
EXEMPLO VIVO

Questões 622 a 624

Entenda o Evangelho e cultive na vida diária

a bondade
e o perdão,

a esperança
e a indulgência,

a justiça
e a misericórdia,

a verdade
e a franqueza,

o trabalho
e a disciplina,

o estudo
e a reflexão,

a sensatez
e a benevolência,

a calma
e a tolerância,

a modéstia
e a humildade,

a brandura
e a mansuetude,

a paciência
e a compreensão,

o amor
e a caridade.

❧

Enfim, faça todo o bem que puder e, embora você não seja o profeta que revela o Código Divino, será com sua conduta, em qualquer circunstância, o exemplo vivo da Lei de Deus.

326
GRATIDÃO A JESUS

Questão 625

Senhor, nasceste no mundo por amor a todos nós. Chegaste anônimo na simplicidade da manjedoura, enquanto o cântico de louvor da milícia celestial rompia o silêncio da noite e o sinal luminoso no céu apontava aos reis peregrinos a direção a seguir para a visita respeitosa.

Vieste como o modelo da perfeição moral a que podemos aspirar no curso da evolução e como o pastor amorável a nos guiar para Deus através dos caminhos redentores da Boa Nova.

Abriste teu coração magnânimo às nossas almas aflitas e nos ensinaste as lições do bem com o próprio exemplo, para que nos libertássemos das teias do mal.

Proclamaste o amor,
para esquecermos o ódio.

Enalteceste o perdão,
para deixarmos a vingança.

Falaste da misericórdia,
para fugirmos da intolerância.

Exaltaste a humildade,
para renegarmos o orgulho.

Renovaste a esperança,
para olvidarmos o desespero.

Ressaltaste a caridade,
para evitarmos o egoísmo.

Apontaste a brandura,
para afastarmos a agressão.

Engrandeceste a fé,
para sairmos da descrença.

Indicaste a indulgência,
para não julgarmos o próximo.

Recomendaste a paz,
para vivermos sem conflitos.

E na trajetória de tua excelsa pregação, quando curaste os enfermos e aliviaste os aflitos, trilhaste também o caminho da dor e do calvário, porque não pudemos te entender a missão sublime.

Vivendo a DOUTRINA ESPÍRITA 81

Hoje, no entanto, buscamos tua palavra divina e te pedimos que aceites nossa gratidão, pelo amor que semeaste e o sacrifício que te impuseste em favor da felicidade de todos.

Obrigado, Senhor, por tua presença em nossas vidas. Permite que possamos te seguir os passos na seara do Evangelho e que, apesar de nossa pequenez, tenhamos o júbilo de te ouvir, nos recessos da alma, a voz doce e amiga a nos dizer com ternura:

– Vem comigo. É suave o meu jugo e leve o meu fardo.

327
ANTES DE JESUS

Questão 626

Antes de Jesus, desde tempos longínquos, homens de gênio pensaram a respeito do princípio das coisas.

Tales de Mileto -
e a água na origem de tudo.

Anaximandro -
e o infinito em movimento.

Anaxímenes -
e o ar como matéria primeira.

Pitágoras –
e o número fundamental.

Heráclito de Éfeso –
e o fogo que se transforma.

Xenófanes –
e o universo imutável.

Parmênides –
e a ilusão da realidade.

Empédocles –
e os quatro elementos.

Anaxágoras –
e as partículas minúsculas.

Demócrito –
e o átomo indivisível.

Sócrates –
e a busca da verdade.

Platão –
e o mundo das ideias.

Aristóteles –
e a forma na substância.

🙶

Todos eles, com ideias fragmentárias, persegui-
ram com tenacidade a origem das leis que dão harmonia ao mundo, até que Jesus, anunciando a Boa
Nova, revelou com amor que a lei natural é a Lei de
Deus.

328

O ESPIRITISMO DIZ

Questão 627

O Espiritismo diz claramente que

a imortalidade
é certeza,

o mundo espiritual
é realidade,

a reencarnação
é escola,

o sofrimento
é aprendizado,

a dor
é corrigenda,

a aflição
é consequência,

o bem
é escolha,

o livre-arbítrio
é necessidade,

o perdão
é alívio,

a paz
é garantia,

a benevolência
é sossego,

o amor
é o caminho,

a caridade
é a salvação.

❧

O Espiritismo recorda com fidelidade as lições do Evangelho e acrescenta com lógica e bom senso os ensinamentos que Jesus não pôde dar em sua época, a fim de que a realidade espiritual seja compreendida através da fé raciocinada e o reino de Deus se instale definitivamente nos corações.

329

VERDADE

Questão 628

O Espiritismo ensina a verdade com clareza.

❧

Descortina o Além.
Sem fantasias.

Revela o Espírito.
Com provas.

Fortalece a fé.
Sem fanatismo.

Diz da reencarnação.
Com fatos.

Expõe a doutrina.
Sem sofismas.

Fala da evolução.
Com lógica.

Usa a mediunidade.
Sem misticismo.

Explica a aflição.
Com fundamento.

Semeia a esperança.
Sem ilusões.

Elucida a provação.
Com bom senso.

Aceita o intercâmbio.
Sem imprudência.

Exalta a caridade.
Com convicção.

❧

O Espiritismo trata a verdade com lucidez e, na condição do Consolador anunciado pelo Cristo, traz de volta o Evangelho em sua pureza original, a fim de que você, em busca da perfeição, não se afaste do caminho do bem.

330
É O MESMO

Questões 629 a 632

Veja o que lhe acontece na vida diária.

જ્ર

Está com sede.
Pede água.
Alguém traz.

Está com fome.
Pede alimento.
Alguém arruma.

Está doente.
Pede remédio.
Alguém fornece.

Está com frio.
Pede agasalho.
Alguém arranja.

Está à míngua.
Pede socorro.
Alguém atende.

Está em dúvida.
Pede conselho.
Alguém dá.

Está triste.
Pede consolo.
Alguém oferece.

Está solitário.
Pede companhia.
Alguém faz.

Está sofrendo.
Pede apoio.
Alguém ampara.

Está arrependido.
Pede perdão.
Alguém aceita.

❧

É fácil saber o bem que o próximo precisa. É o mesmo que você deseja que alguém lhe faça.

331
VIDA PESSOAL

Questão 633

❧

Verifique se o seu proceder pessoal obedece às Leis Divinas. Como você utiliza os próprios recursos?

❧

Os olhos.

Enxerga o que lhe favorece a renovação íntima ou dirige a vista a situações que de nenhum modo lhe são úteis?

Os ouvidos.

Ouve a conversa instrutiva e a informação sadia que lhe conduzem ao crescimento espiritual ou atordoa a audição com o que não lhe traz qualquer proveito?

A boca.

Come e bebe o que lhe mantém a saúde e a disposição ou se empanturra com excessos e inconveniências que lhe estragam o organismo?

Os braços.

Movimenta-se para executar e registrar o que é importante para o mundo interior ou usa a destreza em atividade que nada acrescenta a seu progresso?

As pernas.

Aciona músculos e nervos para buscar com perseverança o caminho do bem ou gasta energia em andanças inúteis que retardam seu roteiro de aperfeiçoamento?

A inteligência.

Valoriza a capacidade intelectiva para alcançar conhecimento e preparo de qualidade no rumo da evolução espiritual ou emprega o raciocínio para tramar situações que confundem e rebaixam?

O tempo.

Aproveita as horas de aprendizado e meditação para se melhorar intimamente ou desperdiça o tesouro dos minutos em atitudes vazias e sem objetivo definido?

O discernimento.

Usa o bom senso nas decisões que lhe dizem

respeito à paz íntima ou percorre as trilhas da inconsequência, afastando-se da jornada que leva à felicidade?

৯

Aplique as lições de Jesus em seus passos e, com toda a certeza, sua vida pessoal estará de acordo com as Leis de Deus.

332
MELHOR CAMINHO

Questão 634

Escolha o melhor caminho na experiência da reencarnação.

એ

Vaidade fascina.
Modéstia equilibra.

Orgulho excita.
Humildade acalma.

Egoísmo aprisiona.
Caridade liberta.

Vingança complica.
Perdão soluciona.

Descrença fragiliza.
Fé fortalece.

Aflição maltrata.
Esperança alivia.

Hipocrisia afasta.
Sinceridade une.

Trabalho avança.
Preguiça atrasa.

Inveja destrói.
Fraternidade faz.

Intolerância estraga.
Paciência conserta.

Conflito dificulta.
Harmonia favorece.

Ódio agride e rebaixa.
Amor acolhe e eleva.

&

Não se deixe enredar nas teias do mal e, buscando a inspiração de Jesus, esteja certo de que, para alcançar a felicidade legítima, o melhor caminho é sempre o do bem.

333
OBEDIÊNCIA

Questão 635

Respeite a lei natural em qualquer circunstância.

જે

Camponês?
Lavre a terra com amor.

Intelectual?
Espalhe a cultura nobre.

Artista?
Faça arte com elevação.

Chefe?
Ordene com respeito.

Subalterno?
Obedeça com dignidade.

Empresário?
Administre com correção.

Autoridade?
Aja sempre com justiça.

Rico?
Use a fortuna para o bem.

Professor?
Ensine com bondade.

Aluno?
Aprenda com interesse.

Operário?
Trabalhe com honradez.

Músico?
Toque com decência.

౭౿

Qualquer que seja sua posição social, você tem o compromisso da obediência à Lei de Deus, de tal forma que o bem esteja sempre presente.

334
É BOM SABER

Questões 636 e 637

Se na atividade de cada dia você pode

ajudar
e não ajuda,

apoiar
e não apoia,

sorrir
e não sorri,

cuidar
e não cuida,

ensinar
e não ensina,

socorrer
e não socorre,

tolerar
e não tolera,

pacificar
e não pacifica,

entender
e não entende,

ouvir
e não ouve,

orientar
e não orienta,

ceder
e não cede,

perdoar
e não perdoa,

ser fraterno
e não liga,

então, é bom saber que você favorece o mal, quando deixa de fazer o bem.

335
VOCÊ DIZ

Questão 638

Você diz que precisa

agredir –
para se defender,

gritar –
para se impor,

ofender –
para exigir,

mentir –
para convencer,

enganar –
para competir,

destruir –
para mandar,

furtar –
para enriquecer,

fraudar –
para vencer,

corromper –
para ganhar,

intrigar –
para progredir.

❧

Você diz que o mal ainda é necessário nos caminhos do mundo, mas esquece que somente a transformação moral conduz ao bem que garante a paz e a felicidade.

336
SÓCIO

Questão 639

Quando você

segreda ao intrigante –
a intriga,

estimula o agressor –
à agressão,

instiga o delinquente –
ao delito,

sugere ao caluniador –
a calúnia,

facilita ao ladrão –
o roubo,

fornece ao mentiroso –
a mentira,

incita o ofensor –
à ofensa,

anima o falsário –
à falsidade,

encoraja o hipócrita –
à hipocrisia,

incentiva o golpista –
ao golpe...

❧

Quando você favorece alguém para agir contra o bem, embora não seja o autor direto do mal, é, sem dúvida, sócio do malfeitor.

337
CÚMPLICE

Questão 640

Você não pratica o mal, mas se serve da malvadeza alheia.

ક

Não rouba,
mas negocia objetos roubados.

Não faz intrigas,
mas se aproveita do resultado.

Não se vinga,
mas usufrui das vinganças.

Não mente,
mas lucra com as mentiras.

Não corrompe,
mas ganha com os golpes.

Não insulta,
mas leva vantagem das ofensas.

Não extorque,
mas se beneficia das extorsões.

Não agride,
mas tira proveito dos conflitos.

Não prejudica,
mas desfruta dos prejuízos.

Não tapeia,
mas se favorece com as espertezas.

৵

Quando você é beneficiário da atitude maldosa de alguém, mesmo que não cometa maldades por si mesmo, é, com certeza, cúmplice no mal.

338
AINDA QUE

Questão 641

Não atenda ao desejo do mal, ainda que as circunstâncias sejam favoráveis.

❧

Não agrida,
ainda que seja por defesa.

Não ofenda,
ainda que tenha razão.

Não engane,
ainda que seja fácil.

Não corrompa,
ainda que tenha ocasião.

Não se vingue,
ainda que seja por impulso.

Não acuse,
ainda que tenha certeza.

Não minta,
ainda que seja a pedido.

Não destrua,
ainda que tenha direito.

Não xingue,
ainda que seja por desabafo.

Não odeie,
ainda que tenha motivo.

❧

Não se deixe vencer pelos impulsos inferiores, na certeza de que resistir ao desejo do mal é o começo do exercício do bem.

339
COM CERTEZA

Questões 642 e 643

Pratique o bem nas diversas circunstâncias do cotidiano.

ða

Na família,
seja presente.

No casamento,
seja leal.

No trabalho,
seja correto.

Na profissão,
seja digno.

No negócio,
seja honesto.

Na amizade,
seja solidário.

No convívio,
seja autêntico.

No grupo,
seja ativo.

Na tarefa,
seja capaz.

Na caridade,
seja generoso.

Na vida,
seja disponível.

❧

Busque nas lições do Evangelho o roteiro da renovação íntima, entendendo que não praticar o mal é apenas evitar o que é ruim, mas fazer o bem é, com certeza, construir o melhor.

340
CAMPO DE PROVA

Questões 644 e 645

Por mais difícil seja o meio em que você vive, resista ao mal e exemplifique o bem.

Violência?
Não aceite.
Exemplifique a harmonia.

Corrupção?
Não tolere.
Exemplifique a decência.

Jogo?
Não aprove.
Exemplifique o trabalho.

Vício?
Não acolha.
Exemplifique o esforço.

Crime?
Não concorde.
Exemplifique a correção.

Intriga?
Não participe.
Exemplifique o silêncio.

Agressão?
Não cometa.
Exemplifique a brandura.

Hipocrisia?
Não admita.
Exemplifique a franqueza.

Mentira?
Não consinta.
Exemplifique a verdade.

Ódio?
Não alimente.
Exemplifique o amor.

❧

Na jornada da evolução, o ambiente desfavorável é campo de prova, onde você vai testar sua lealdade aos ensinamentos do Evangelho.

341
MÉRITO DO BEM

Questão 646

Faça o bem, ainda que as circunstâncias sejam as mais adversas.

Ingratidão?
Não se importe.
Ajude.

Revolta?
Não recue.
Socorra.

Indiferença?
Não desista.
Auxilie.

Ironia?
Não ligue.
Ampare.

Raiva?
Não se aborreça.
Beneficie.

Confusão?
Não desanime.
Esclareça.

Grosseria?
Não se queixe.
Assista.

Agressão?
Não se assuste.
Acolha.

Esperteza?
Não se zangue.
Atenda.

Desprezo?
Não se abata.
Apoie.

❧

O mérito do bem tem o tamanho da dificuldade para praticá-lo, porque, no atual estágio de evolução, o interesse pelo próximo não é espontâneo, mas depende do esforço que você faça para vencer a barreira do egoísmo.

342
AMOR AO PRÓXIMO

Questões 647 e 648

Tenha para com os outros a consideração que você deseja para si.

❧

Não prejudique.
Seja justo.

Não julgue.
Seja indulgente.

Não agrida.
Seja brando.

Não ofenda.
Seja educado.

Não grite.
Seja calmo.

Não perturbe.
Seja paciente.

Não minta.
Seja verdadeiro.

Não engane.
Seja sincero.

Não critique.
Seja tolerante.

Não despreze.
Seja fraterno.

Não zombe.
Seja respeitoso.

Não odeie.
Seja amorável.

❧

É certo que a lei natural abrange todas as circunstâncias da vida. Contudo, através do amor ao próximo, você transforma o viver em caminho para Deus.

As Leis Morais

Capítulo II

Lei de adoração

343
SEM DÚVIDA

Questões 649 a 652

Eleve o pensamento a Deus em todos os momentos.

№

No trabalho.
E no descanso.

No estudo.
E no lazer.

Na obrigação.
E no passeio.

No negócio.
E na doação.

Vivendo a DOUTRINA ESPÍRITA № 117

Na família.
E no grupo.

No sucesso.
E no fracasso.

Na saúde.
E na doença.

Na tristeza.
E na alegria.

No diálogo.
E na prece.

No entusiasmo.
E na decepção.

Na privação.
E na fartura.

No adormecer.
E no despertar.

❧

Mantenha-se sempre ligado ao Alto, na certeza de que, através da adoração sincera, aproximando de Deus sua alma, você garante, sem dúvida, a presença do bem em seu caminho.

344
AMOR A DEUS

Questões 653 e 654

Louve o Senhor, como puder.

૨૦

Ajoelhe-se na prece,
mas seja humilde.

Ore em voz alta,
mas tenha caridade.

Faça o sacrifício,
mas ajude o outro.

Escute a pregação,
mas ouça o pedinte.

Participe do cortejo,
mas vá até o carente.

Faça a peregrinação,
mas visite o enfermo.

Respeite o jejum,
mas evite o mal.

Frequente a romaria,
mas ampare a família.

Repita as orações,
mas tolere o parente.

Entoe os cânticos,
mas console o infeliz.

❧

Ainda que você precise das manifestações exteriores para se ligar ao Alto, lembre-se do exemplo do bem, a fim de que seu amor a Deus seja também amor ao próximo.

345
PRÁTICA RELIGIOSA

Questões 655 e 656

A adoração sincera a Deus não comporta

orgulho
nem ambição;

egoísmo
nem interesse;

hipocrisia
nem teatro;

intolerância
nem agressão;

mentira
nem intriga;

Vivendo a DOUTRINA ESPÍRITA 121

exigência
nem ameaça;

barganha
nem cobrança;

preferência
nem exclusão;

impaciência
nem dureza;

desprezo
nem ironia;

inveja
nem raiva;

despeito
nem rivalidade.

૨૭

Não faça da prática religiosa instrumento de conflito e de vantagem própria, a fim de que sua devoção ao Senhor seja autêntica e, mais tarde, você não se arrependa de ter trocado a fé legítima por desleal encenação.

346
INTENÇÃO

Questão 657

Diante do bem não fique apenas na intenção.

❧

Ore,
    mas trabalhe.

Pense,
    mas execute.

Medite,
    mas ajude.

Fale,
    mas auxilie.

Avise,
    mas socorra.

Oriente,
mas ampare.

Ensine,
mas apoie.

Observe,
mas atue.

Corrija,
mas elucide.

Sinalize,
mas proteja.

Incentive,
mas faça.

Eduque,
mas conduza.

૨૦

Ame o Senhor com sinceridade, mas lembre-se de que a veneração mais autêntica ao Alto é aquela que inclui o amor a Deus e ao próximo.

347
PRESENÇA DO BEM

Questões 658 e 659

Faça da prece um encontro com Deus e ore

com esperança
e não, aflição;

com fé
e não, dúvida;

com humildade
e não, exigência;

com emoção
e não, frieza;

com fraternidade
e não, egoísmo;

Vivendo a DOUTRINA ESPÍRITA 125

com calma
e não, atropelo;

com resignação
e não, revolta;

com fervor
e não, indiferença;

com sinceridade
e não, hipocrisia;

com paz
e não, desespero;

com sentimento
e não, obrigação;

com nobreza
e não, mesquinhez;

com amor
e não, interesse.

෨

Na prece, abra o coração aos influxos do Alto e, apesar das dificuldades do caminho, agradeça sempre a presença do bem com que o Senhor lhe abençoa todas as horas da vida.

348
SOCORRO DO ALTO

Questão 660

Se na vivência diária você

discute
e agride,

reclama
e se revolta,

fala
e se agita,

conversa
e ironiza,

grita
e ofende,

olha
e critica,

comenta
e denigre,

observa
e zomba,

ouve
e espalha,

inveja
e se irrita,

convive
e perturba,

insiste
e assedia,

exige
e incomoda,

odeia
e se vinga,

se percebe que defeitos íntimos lhe complicam o caminho, busque na prece a força para superá-los, mas fique certo de que o socorro do Alto só acontece se você está realmente disposto a recebê-lo.

349
CORRIJA

Questão 661

Corrija seus erros na convivência com o próximo.

ﺭ▲

Discussão?
Não alimente.

Conflito?
Não provoque.

Ofensa?
Não faça.

Mentira?
Não conte.

Intriga?
Não arme.

Briga?
Não entre.

Desprezo?
Não tenha.

Agressão?
Não cometa.

Baixeza?
Não repita.

Golpe?
Não aplique.

Trapaça?
Não invente.

Vingança?
Não planeje.

❧

Peça a Deus o perdão de suas faltas, mas entenda que será atendido se mudar de atitude e buscar a conduta do bem no esforço da transformação moral.

350
POR ALGUÉM

Questão 662

Ore por quem sofre e por aquele que faz alguém sofrer.

O doente,
solitário.

O marido,
grosseiro.

O órfão,
infeliz.

A esposa,
intolerante.

A mãe,
enferma.

O pai,
indiferente.

O filho,
debilitado.

O irmão,
invejoso.

A criança,
abandonada.

O amigo,
irônico.

O idoso,
sem família.

O colega,
agressivo.

O vizinho,
em apuros.

O parente,
intrigante.

❧

Ore por alguém em qualquer circunstância, certo de que o bem dirigido ao próximo é bem que retorna a você.

351
DIANTE DA PROVA

Questão 663

Diante da prova, busque no Evangelho os recursos para suportá-la.

ૐ

Doença grave?
Não se revolte.
Controle-se.
Calma fortalece.

Conflito em casa?
Não discuta.
Cale-se.
Silêncio pacifica.

Convívio difícil?
Não agrida.
Compreenda.
Tolerância ajuda.

Perdas repetidas?
Não se desiluda.
Recomece.
Coragem anima.

Morte em família?
Não se desespere.
Confie.
Fé conforta.

Vida atribulada?
Não se desanime
Resista.
Esperança alenta.

Missão árdua?
Não desista.
Auxilie.
Amor estimula.

❧

Qualquer que seja sua provação, tenha na prece o amparo providencial, certo de que a Lei Divina não muda a natureza das coisas, mas você pode mudar a si mesmo para melhor, entendendo que as atribulações de hoje são o remédio amargo para os enganos de ontem.

352
LEMBRE-SE DELES

Questões 664 e 665

Lembre-se dos irmãos que chegam ao mundo
espiritual voltados a si mesmos e consumidos pela
angústia;

dominados pela revolta,
sem paz na intimidade;

seduzidos pelas ilusões,
à procura de fantasias;

envenenados pela revolta,
espalhando infelicidade;

carecentes de fé,
feridos pela descrença;

Vivendo a DOUTRINA ESPÍRITA 135

marcados pelo desânimo,
sem coragem para reagir;

envolvidos pela dor,
ausentes da realidade;

escravos do prazer,
desejosos de sensações;

intoxicados pelo vício,
na agonia da abstinência;

agarrados à vida física,
negando a própria morte;

convertidos ao ódio,
sequiosos de vingança.

❧

Ore a Deus e peça o alívio aos que ainda se atormentam na vida maior, entendendo que seu amor a eles, nos dias de hoje, será, com certeza, o amor deles a você, amanhã.

353
COMPREENDA

Questão 666

Rogue o concurso dos bons Espíritos para suas intenções no bem e peça

calma,
se a irritação domina;

perdão,
se o ódio se insinua;

indulgência,
se a intolerância ataca;

paz,
se o conflito aparece;

paciência,
se a doença persiste;

esperança,
se a aflição perturba;

coragem,
se o medo assombra;

firmeza,
se a vacilação surge;

fé,
se a descrença ameaça;

humildade,
se o orgulho se impõe;

resignação,
se a dor se prolonga;

ânimo,
se o desalento chega;

caridade,
se o egoísmo interfere.

❧

Conte com a ajuda dos benfeitores espirituais para a solução de suas dificuldades, mas compreenda que eles também contam com você para o esforço da transformação moral.

354

DEUSES

Questões 667 e 668

Afaste de seu caminho as pretensas divindades que você cultua por conveniência.

O orgulho –
que impõe.

A vaidade –
que ostenta.

O egoísmo –
que isola.

A usura –
que explora.

A avareza –
que retém.

A hipocrisia –
que finge.

A mentira –
que tapeia.

O ciúme –
que tortura.

A esperteza –
que ilude.

A inveja –
que destrói.

A cólera –
que agita.

A vingança –
que agride.

A mágoa –
que afasta.

O ódio –
que separa.

❧

Tais sentimentos, alojados na intimidade, agem como deuses imaginários, aos quais você presta obediência, embora saiba que o Deus único de que fala Jesus é o Pai Amantíssimo que espera de seus filhos o amor e a misericórdia.

355
SACRIFÍCIO ÚTIL

Questões 669 e 670

Egoísmo

Orgulho

Vaidade

Prepotência

Mentira

Ciúme

Inveja

Irritação

Impaciência

Ódio

Vivendo a DOUTRINA ESPÍRITA 🙠 141

Cólera

Grosseria

Difamação

Hipocrisia

Mágoa

Ofensa

Vingança

Agressão

Intriga

Negligência

Comodismo

Indisciplina

Preguiça

Avareza

Intolerância

૨૯

Eis alguns sentimentos e atitudes que você deve sacrificar em proveito de seu progresso espiritual e que, com toda a certeza, no entendimento da Lei Divina, são sacrifícios úteis que agradam a Deus.

356
SEM AGRESSÃO

Questão 671

Não transforme em guerra a divulgação de seu princípio religioso.

❧

Explique,
mas não imponha.

Discuta,
mas não insulte.

Esclareça,
mas não force.

Argumente,
mas não grite.

Raciocine,
mas não sofisme.

Exponha,
mas não critique.

Conteste,
mas não ofenda.

Demonstre,
mas não hostilize.

Defenda,
mas não ataque.

Refute,
mas não ironize.

Compare,
mas não censure.

Interprete,
mas não condene.

❧

Divulgue seu ideal doutrinário sem agredir outras religiões, na certeza de que a melhor propaganda religiosa é aquela que proclama o amor a Deus, mas não esquece o amor ao próximo.

357
OFERENDA

Questão 672

Ofereça a Deus seu caminho digno na vida.

❧

Sem revolta,
mas com resignação.

Sem arrogância,
mas com humildade.

Sem exigência,
mas com respeito.

Sem aflição,
mas com esperança.

Sem descrença,
mas com fé.

Sem mágoa,
mas com bondade.

Sem agressão,
mas com brandura.

Sem alvoroço,
mas com paciência.

Sem jactância,
mas com modéstia.

Sem hipocrisia,
mas com franqueza.

Sem vingança,
mas com clemência.

Sem cólera,
mas com tolerância.

Sem ódio,
mas com amor.

❧

O Senhor não precisa de dádivas para ouvi-lo, mas saiba que a oferenda mais agradável a Deus é a prece com sentimento que nasce da conduta no bem.

358
MAIS AUTÊNTICO

Questão 673

Honre a Deus, auxiliando o próximo em dificuldade.

❧

Fome?
Alimente.

Aflição?
Conforte.

Frio?
Agasalhe.

Revolta?
Pacifique.

Dor?
Alivie.

Solidão?
Visite.

Miséria?
Ajude.

Desânimo?
Encoraje.

Nudez?
Vista.

Desespero?
Anime.

Doença?
Socorra.

Dúvida?
Esclareça.

Esmola?
Atenda.

Desatino?
Oriente.

❧

Ofereça ao Senhor sua conduta no bem, na certeza de que o amor a Deus mais autêntico é aquele que nasce do amor ao próximo.

As Leis Morais

Capítulo III

Lei do trabalho

359
TRABALHE

Questões 674 e 675

Faça de seu trabalho instrumento do bem.

Negocie.
Com honradez.

Produza.
Sem ganância.

Dirija.
Com equilíbrio.

Capine.
Sem revolta.

Plante.
Com dignidade.

Conserte.
Sem tapeação.

Restaure.
Com decência.

Informe.
Sem hipocrisia.

Atenda.
Com educação.

Costure.
Sem desespero.

Sirva.
Com gentileza.

Defenda.
Sem violência.

Cozinhe.
Com vontade.

Escreva.
Sem sofisma.

Componha.
Com elevação.

❧

Trabalhe com dedicação e honestidade, recordando que Jesus tornou sagrado o trabalho digno, quando afirmou: "Meu Pai trabalha todos os dias e Eu trabalho também".

360
TRABALHO DIGNO

Questões 676 e 678

O trabalho honesto atende às necessidades da vida.

❧

Alimento?

Garante o trigo, mantém o padeiro, permite o sustento.

Vestuário?

Garante o tecido, mantém o profissional, permite a confecção.

Calçado?

Garante o couro, mantém o sapateiro, permite a produção.

Agasalho?
Garante a lã, mantém o artesão, permite o lanifício.

Saúde?
Garante o remédio, mantém o médico, permite o hospital.

Estudo?
Garante a aula, mantém o professor, permite a escola.

Cultura?
Garante a arte, mantém o literato, permite a academia.

Ciência?
Garante a pesquisa, mantém o cientista, permite o laboratório.

Esporte?
Garante o treino, mantém o atleta, permite a disputa.

Religião?
Garante o consolo, mantém o religioso, permite a missão.

❧

Aja sempre com honradez em qualquer atividade que a evolução lhe destine, na certeza de que o trabalho digno garante a harmonia, mantém o equilíbrio e permite que você progrida com a consciência em paz.

Vivendo a DOUTRINA ESPÍRITA ❧ 153

361
ANIMAIS

Questão 677

Busque entre os animais o exemplo positivo para seu trabalho.

❧

Formiga?
Persistência.

Abelha?
Disciplina.

Cão?
Lealdade.

Pássaro?
Alegria.

Cavalo?
Paciência.

Vaca?
Desapego.

Aranha?
Método.

Minhoca?
Modéstia.

Leoa?
Dedicação.

Cordeiro?
Renúncia.

Burro?
Resistência.

Boi carreiro?
Liderança.

≈≈

Tanto quanto os animais, trabalhe para se manter, mas trabalhe com honradez, sem perder de vista a transformação moral, a fim de que sua sobrevivência seja digna e seu progresso esteja sempre nos caminhos do bem.

362
SOBREVIVÊNCIA

Questão 679

Se você não precisa trabalhar para o próprio sustento, desenvolva alguma atividade a bem do próximo.

ঌ

Estude.
Para saber e esclarecer.

Tenha instrução.
Para entender e explicar.

Leia.
Para conhecer e repartir.

Exerça a arte.
Para progredir e auxiliar.

Costure.
Para doar e agasalhar.

Esteja na sopa.
Para cozinhar e servir.

Evangelize.
Para aprender e ensinar.

Faça campanha.
Para recolher e distribuir.

Ore.
Para se elevar e confortar.

Conserve a fé.
Para se fortalecer e ajudar.

୬৯

Se recursos lhe garantem a sobrevivência, trabalhe voluntariamente, a fim de que sua dedicação seja a garantia da sobrevivência de outros.

363

INVALIDEZ

Questão 680

Ninguém é inútil, a não ser que o queira.

❧

Velhice?
Velhos mourejam.

Surdez?
Surdos produzem.

Paralisia?
Paralíticos agem.

Cegueira?
Cegos labutam.

Debilidade?
Fracos laboram.

Mudez?
Mudos batalham.

Deficiência?
Deficientes ajudam.

Doença?
Doentes se ocupam.

Dependência?
Dependentes reagem.

Defeito físico?
Acometidos trabalham.

28

Trabalhe sempre e tenha ânimo para a tarefa digna que você se propõe, pois o que impede que alguém seja útil em sua existência não é uma dificuldade qualquer, mas a invalidez da vontade.

364
ASSISTÊNCIA

Questão 681

Atenda os pais naquilo que precisem.

৵

Pobres?
Ajude.
E resolva.

Doentes?
Socorra.
E assista.

Sem casa?
Abrigue.
E solucione.

Distantes?
Visite.
E auxilie.

Confusos?
Aconselhe.
E apoie.

Aflitos?
Console.
E ampare.

Sozinhos?
Conviva.
E proteja.

Frágeis?
Conforte.
E fortaleça.

Revoltados?
Pacifique.
E entenda.

Inválidos?
Reconheça.
E encoraje.

❧

Dê toda a assistência aos pais, qualquer que seja o grau de afinidade com eles, recordando que você está na experiência física que lhe permite evoluir porque eles não recuaram perante a missão de trazê-lo à vida.

Vivendo a DOUTRINA ESPÍRITA ❧ 161

365
REPOUSO

Questões 682 e 683

Não confunda repouso com ociosidade.

૨▲

Descanse em casa.
Sem exagero.

Divirta-se no clube.
Com sensatez.

Passeie com a família.
Sem excesso.

Visite os parentes.
Com harmonia.

Converse à vontade.
Sem polêmica.

Reúna os amigos.
Com equilíbrio.

Festeje as férias.
Sem desordem.

Leia um livro.
Com proveito.

Faça exercício.
Sem abuso.

Veja um filme.
Com prazer.

Esteja no lar.
Sem discórdia.

Goze a folga.
Com respeito.

એ

Tenha todo o direito ao conforto da tranquilidade, mas não permita que o descanso perturbe o serviço, a fim de que seu trabalho seja sempre útil e seu repouso não se transforme em sossego inconveniente.

366
EXIGÊNCIA

Questão 684

Não imponha excessos àqueles que trabalham com você.

❧

Serviço?
Tem descanso. Acate.

Tarefa?
Tem fim. Entenda.

Missão?
Tem limite. Aceite.

Encargo?
Tem horário. Cumpra.

Função?
Tem tempo. Controle.

Emprego?
Tem regras. Obedeça.

Dever?
Tem termo. Respeite.

Obrigação?
Tem final. Providencie.

Compromisso?
Tem prazo. Concorde.

Direção?
Tem exemplo. Mostre.

ॐ

Faça da autoridade instrumento do bem aos que trabalham debaixo de suas ordens, a fim de que, diante deles, você não seja a exigência que oprime, mas a presença que sustenta o progresso de todos.

367
VELHICE

Questão 685

Não negue seu concurso ao idoso que precisa de você.

ॐ

Pais?
Acolha.
E sustente.

Irmão?
Ampare.
E proteja.

Parente?
Atenda.
E socorra.

Amigo?
Ouça.
E apoie.

Serviçal?
Observe.
E ajude.

Vizinho?
Perceba.
E auxilie.

Colega?
Escute.
E anime.

Mendigo?
Não rejeite.
E favoreça.

❧

Seja solidário com aquele que tem dificuldades na velhice, entendendo que, segundo a lei de caridade, o bem que se faz ao outro é, na verdade, um bem a si mesmo.

As Leis Morais

Capítulo IV

Lei de reprodução

368
SEUS FILHOS

Questões 686 e 687

Mantenha tanto quanto possível o gesto de boa vontade na relação com seus filhos.

Difíceis?
Aumente a paciência.

Rebeldes?
Dobre a tolerância.

Imaturos?
Aconselhe sempre.

Confusos?
Esclareça mais.

Irritados?
Mostre a calma.

Vaidosos?
Ensine a modéstia.

Egoístas?
Cite a fraternidade.

Incrédulos?
Exemplifique a fé.

Agressivos?
Exalte a brandura.

Aflitos?
Fale da esperança.

Vingativos?
Recorde o perdão.

Ociosos?
Indique o trabalho.

Relapsos?
Aponte as obrigações.

Arrogantes?
Lembre a humildade.

Insensíveis?
Incentive ao amor.

Filhos representam naturalmente a reprodução corpórea da humanidade, mas são também compromissos espirituais, quando você reencontra o passado e procura resolver agora as pendências de outras vidas, a fim de que a paz e a felicidade estejam garantidas no futuro.

369

RECURSOS DO BEM

Questões 688 e 690

Recorra sempre aos recursos do bem, em qualquer circunstância.

ॐ

Miséria?
É auxílio.

Precisão?
É ajuda.

Doença?
É socorro.

Aflição?
É paciência.

Dor?
É alívio.

Desânimo?
É coragem.

Sofrimento?
É conforto.

Raiva?
É calma.

Violência?
É paz.

Vingança?
É perdão.

Desespero?
É equilíbrio.

Cólera?
É controle.

Perda?
É consolo.

Sempre?
É amor.

❧

Raças são instrumentos temporários para a evolução do Espírito. Diante delas, pois, na tarefa do bem, siga amando e servindo, na certeza de que, muito além da cor e do tipo de corpo, o que realmente importa é que somos todos filhos de Deus.

370
ETIQUETA

Questões 689 e 691

Reconheça seus instintos do passado, mas não deixe que a emoção primitiva interfira na vida atual.

૨૦

Raiva.
Sinta,
mas controle.

Guerra.
Queira,
mas não declare.

Agressão.
Deseje,
mas segure.

Vingança.
Pense,
mas não cometa.

Briga.
Goste,
mas desista.

Ataque.
Planeje,
mas não realize.

Violência.
Cogite,
mas renuncie.

Soco.
Imagine,
mas não esmurre.

Rudeza.
Perceba,
mas impeça.

Força bruta.
Existe,
mas não utilize.

ॐ

Contenha os impulsos primitivos que ainda lhe frequentam a experiência diária e assuma realmente o compromisso de reforma íntima, a fim de que os efeitos de sua transformação moral não sejam apenas alguns momentos de etiqueta.

371
PROMESSAS

Questão 692

Dê valor a seu aperfeiçoamento íntimo e faça

da calma –
a paciência,

da tolerância –
a aceitação,

da educação –
a brandura,

do auxílio –
a beneficência,

da desculpa –
o perdão,

da justiça –
   a misericórdia,

do ânimo –
   a coragem,

do juízo –
   a indulgência,

da modéstia –
   a humildade,

da espera –
   a esperança,

da gentileza –
   a benevolência,

da esmola –
   a caridade,

da estima –
   o amor,

da convicção –
   a fé.

❧

Faça de suas emoções promessas de sentimentos mais puros, a fim de que amanhã você esteja melhor do que hoje.

372
OBSTÁCULO

Questão 693

Anote as atitudes inconvenientes que você assume na vida.

❧

Raiva.
E ofensa.

Mentira.
E intriga.

Agressão.
E astúcia.

Hipocrisia.
E calúnia.

Fraude
E desforra.

Inveja.
E desdém.

Egoísmo.
E avareza.

Opressão.
E orgulho.

Vaidade.
E cinismo.

Grosseria.
E cólera.

Violência.
E mágoa.

Irritação.
E despeito.

Inimizade.
E briga.

Perfídia.
E ódio.

❧

Coloque o obstáculo que puder à reprodução desses enganos, na certeza de que a ausência deles é a presença do bem em seu caminho.

373
EXIGÊNCIAS DO CORPO

Questão 694

Atenda às necessidades do corpo com sensatez.

❧

Sexo?
É natural.
Seja responsável.

Alimento?
É preciso.
Fuja do excesso.

Bebida?
É hábito.
Preserve a saúde.

Aperitivo?
É gosto.
Admita vez por outra.

Iguaria?
É requinte.
Coma com moderação.

Tempero?
É costume.
Adicione com cuidado.

Roupa?
É indispensável.
Utilize sem escravidão.

Massagem?
É saudável.
Receba com controle.

Remédio?
É eficaz.
Use com prudência.

Exercício?
É conveniente.
Faça sem obsessão.

❧

Aceite as exigências do corpo com disciplina e entenda que o esforço de renovação íntima tem o limite da evolução espiritual, de tal forma que a perfeição só se alcança pouco a pouco e não adianta você fazer de conta que não tem necessidade material.

Vivendo a DOUTRINA ESPÍRITA ❧ 181

374
CONVIVÊNCIA A DOIS

Questões 695 e 696

Anote a receita da boa convivência no casamento.

❧

Respeito.
É preciso.

Harmonia.
É valiosa.

Lealdade.
É essencial.

Afinidade.
É favorável.

Amizade.
É necessária.

Franqueza.
É inevitável.

Paz.
É obrigatória.

Calma.
É importante.

Amor.
É fundamental.

Tolerância.
É conveniente.

Fidelidade.
É indispensável.

Compreensão.
É imprescindível.

❧

Faça do casamento aprendizado constante de solidariedade, na certeza de que a convivência maior com a Humanidade começa dentro de casa, na convivência a dois.

375
PARA SEMPRE

Questão 697

Observe que nada é indissolúvel, segundo a lei natural.

❧

A árvore floresce. Produz o fruto. O fruto madura.
E se desliga da árvore.

❧

A ave choca no ninho. Nasce o filhote. O filhote cresce.
E se desliga do ninho.

❧

O capim ganha altura. Aparece a semente. A semente vinga.

E se desliga do capim.

❧

A rainha põe ovos no formigueiro. Origina a formiga. A formiga cria asas.

E se desliga do formigueiro.

❧

O embrião se forma no útero. Transforma-se em feto. O feto chega a termo.

E se desliga do útero.

❧

A união dos sexos está sujeita à Lei Divina, mas a vida física exige a disciplina dos interesses materiais, de tal forma que, no casamento, o compromisso humano não é indissolúvel e o que existe para sempre é o amor entre dois seres.

376
EGOÍSMO

Questão 698

Observe as situações que acontecem no casamento.

Amor.
Importa.

Afinidade.
Aproxima.

Antipatia.
Complica.

Doença.
Incomoda.

Conflito.
Aparece.

Filho.
Preocupa.

Família.
Exige.

Indiferença.
Dificulta.

Apoio.
Encoraja.

Franqueza.
Ajuda.

Fidelidade.
Sustenta.

Tolerância.
Pacifica.

Confiança.
Fortalece.

Dúvida.
Perturba.

Perda.
Abate.

Separação.
Ocorre.

A união estável é o reencontro de duas almas comprometidas com o passado, razão pela qual eximir-se do compromisso, por simples comodidade, é declarado egoísmo.

Vivendo a DOUTRINA ESPÍRITA 187

377
HUMANIDADE

Questão 699

Ainda que você tenha obrigações de família, não esqueça o compromisso com a Humanidade.

❧

Filho?
Ajude.
E também o menor carente.

Irmão?
Socorra.
E também o mendigo aflito.

Pai?
Ampare.
E também o amigo abatido.

Mãe?
Proteja.
E também a gestante frágil.

Esposa?
Apoie.
E também a viúva pesarosa.

Avô?
Auxilie.
E também o velho solitário.

Avó?
Assista.
E também a idosa sozinha.

Tia?
Atenda.
E também a mulher infeliz.

Tio?
Beneficie.
E também o conhecido pobre.

Parente?
Acuda.
E também o estranho enfermo.

&

Cuide da própria família, mas reserve também algum tempo ao próximo distante do círculo doméstico, recordando que, diante de Deus, a Humanidade é a família maior.

378

POLIGAMIA

Questões 700 e 701

Avalie os atos inconsequentes que você comete
durante o casamento.

❧

Sai para diversão.
E não se explica.

Faz conquistas.
E não se respeita.

Tem um caso.
E não se censura.

Mantém namoros.
E não se critica.

Frequenta festas.
E não se contém.

Viaja com amigos.
E não se incomoda.

Possui amantes.
E não se recrimina.

Entrega-se à farra.
E não se importa.

Abandona o lar.
E não se toca.

Cultiva leviandade.
E não se arrepende.

🙌

Não custa compreender que a união responsável se alicerça no afeto e na consideração ao outro cônjuge, de tal forma que, embora você tenha um casamento, essas aventuras são, na verdade, uma poligamia disfarçada.

As Leis Morais

Capítulo V

Lei de conservação

379
CONSERVAÇÃO

Questões 702 e 703

?&

Valorize o que seja favorável à conservação da vida de quem sofre na miséria.

?&

Fome?
É alimento.

Frio?
É agasalho.

Desconforto?
É alívio.

Doença?
É tratamento.

Vivendo a DOUTRINA ESPÍRITA ?& 193

Nudez?
É roupa.

Precisão?
É apoio.

Dor?
É remédio.

Abandono?
É abrigo.

Mendicância?
É auxílio.

Calamidade?
É socorro.

৯

Dê toda a ajuda que puder ao necessitado, a fim de que não falte a ele o essencial à sobrevivência, recordando que, diante da Lei Divina, cada um é responsável pela vida do outro.

380
TESTE DO BEM

Questões 704 a 706

Mantenha a higidez de seu corpo físico.

૨&

Trate-se.
Com bom senso.
Saúde não é desperdício.

Trabalhe.
Com honradez.
Atividade é para o bem.

Alimente-se.
Com moderação.
Exagero é pernicioso.

Mova-se.
Com exercício.
A inércia é prejuízo.

Vista-se.
Com equilíbrio.
Requinte é inútil.

Divirta-se.
Com cuidado.
Distração não é farra.

Descanse.
Com limite.
Repouso não é preguiça.

Viva.
Com disciplina.
Viver é ato de consciência.

❧

Conserve a harmonia do organismo, certo de que a vida espiritual é aprendizado imprescindível para a renovação íntima, mas é no corpo físico que você faz o teste do bem.

381
IRMÃO DO CAMINHO

Questão 707

Você caminha pelo mundo e se entristece com o que enxerga à sua volta.

🙌

O planeta rico de terras.
E o irmão sem trabalho.

Grãos maduros dourando o campo.
E o irmão sem colheita.

Alimentos à mostra nos mercados.
E o irmão sem comida.

Rios guardando cardumes de peixes.
E o irmão faminto.

Vivendo a DOUTRINA ESPÍRITA 🙌 197

Hortas cobertas de folhas e legumes.
E o irmão desprovido.

Pomares cheios de árvores frutíferas.
E o irmão sem oportunidade.

Escolas de toda graduação e natureza.
E o irmão analfabeto.

Instituições com médicos e hospitais.
E o irmão sem atendimento.

Governos e programas assistenciais.
E o irmão na miséria.

Tecidos de vária espécie na vitrine.
E o irmão maltrapilho.

Festas e comemorações periódicas.
E o irmão sem alegria.

Centros de cultura e lazer.
E o irmão sempre excluído.

ॐ

Qualquer que seja a causa da necessidade de alguém, não negue ao irmão do caminho o gesto de fraternidade, na certeza de que Jesus ensinou o amor ao próximo, e a Doutrina Espírita, trazendo de volta o Evangelho em suas origens, lhe diz que fora da caridade não há salvação.

382
REFORÇO

Questão 708

Há necessidade, cuja origem não depende do necessitado.

ॐ

Tempestade?
Derruba moradias. É desespero.

Doença?
Impede o trabalho. É precisão.

Enchente?
Estraga plantações. É fome.

Incêndio?
Destrói vidas. É infortúnio.

Vivendo a DOUTRINA ESPÍRITA

Inundação?
Invade o lar. É desalento.

Invalidez?
Muda a vida. É dificuldade.

Estiagem?
Altera a colheita. É miséria.

Raio?
Atinge a família. É orfandade.

Calamidade?
Desequilibra o meio. É aflição.

Epidemia?
Espalha o medo. É isolamento.

ᔧᕉ

Diante de qualquer situação aflitiva, não falte com a presença amiga e socorra a necessidade alheia, certo de que o gesto do bem é precioso reforço à resignação e à paz do necessitado.

383
NÃO PRECISA

Questões 709 e 710

Não sobreviva à custa do sacrifício do próximo.

¿&

Auxiliar?
Não abuse.
Respeite os limites.

Inquilino?
Não explore.
Mantenha a correção.

Freguês?
Não tapeie.
Faça o preço certo.

Vivendo a DOUTRINA ESPÍRITA ¿& 201

Aluno?
Não aperte.
Avalie a mensalidade.

Empregado?
Não desmereça.
Considere os direitos.

Serviço?
Não exagere.
Receba o que é justo.

Consulta?
Não encareça.
Seja acessível ao cliente.

※

Claro que você tem que sobreviver para cumprir as finalidades da evolução, mas não precisa sacrificar a vida de ninguém para garantir a própria necessidade de viver.

384
DIREITO DE VIVER

Questão 711

Ajude alguém em necessidade com os bens que lhe sobram no caminho.

৯

O pão.
Pelo menos uma côdea.

O leite.
Ainda que um copo.

A comida.
Pelo menos um prato.

O bolo.
Ainda que uma fatia.

O doce.
Pelo menos um pedaço.

O sapato.
Ainda que usado.

A roupa.
Pelo menos uma peça.

O agasalho.
Ainda que simples.

O conforto.
Pelo menos algum.

O remédio.
Ainda que vez por outra.

O saber.
Pelo menos o necessário.

O livro.
Ainda que desgastado.

ॐ

Não negue sua mão ao necessitado, cujo direito aos bens foi vedado pelas circunstâncias do momento, e é certo que seu gesto de amor devolverá a ele o direito de viver.

385
RAZÃO

Questão 712

Use a razão ao usufruir os bens materiais.

અ

Alimento?
O que seja suficiente.

Roupa?
A que seja adequada.

Bebida?
A que seja saudável.

Remédio?
O que seja indicado.

Agasalho?
O que seja pertinente.

Carro?
O que seja útil.

Lazer?
O que seja sadio.

Leitura?
A que seja edificante.

Cinema?
O que seja instrutivo.

Convivência?
A que seja benéfica.

Festa?
A que seja salutar.

Passeio?
O que seja decente.

Dinheiro?
O que seja necessário.

❧

Busque o prazer nas coisas da vida, mas não o transforme em ataque ao bom senso.

386
EXCESSO

Questões 713 e 714

Reconheça seus excessos na vida cotidiana.

&

Na mesa –
o prato exagerado.

No vestuário –
a roupa imprópria.

No descanso –
o repouso excessivo.

Na folga –
o lazer prolongado.

No diálogo –
a conversa repetitiva.

Vivendo a DOUTRINA ESPÍRITA &

Na doença –
o remédio dispensável.

Na festa –
o consumo abusivo.

Na ginástica –
o exercício desregrado.

Na maquiagem –
a pintura extravagante.

No cabelo –
o penteado esdrúxulo.

Na estrada –
a velocidade exagerada.

No veículo –
a direção imprudente.

ॐ

Recorra ao necessário no uso dos bens materiais, certo de que o excesso na satisfação pessoal é escassez de bom senso.

387

LIVRE

Questões 715 e 716

Não ultrapasse os limites de suas necessidades.

2a

Fome?
Coma.
Sem gulodice.

Sede?
Beba.
Sem vício.

Roupa?
Vista-se.
Sem esquisitice.

Sapato?
Calce.
Sem exibição.

Remédio?
Use.
Sem excesso.

Serviço?
Trabalhe.
Sem obsessão.

Distração?
Divirta-se.
Sem desmando.

Compra?
Faça.
Sem abuso.

Bate-papo?
Converse.
Sem intriga.

Sono?
Durma.
Sem exagero.

❧

Você é livre para satisfazer as necessidades materiais, mas não se torne escravo da própria imprudência.

388
SUPÉRFLUO

Questão 717

Descubra o supérfluo em sua rotina diária.

❧

Na mesa.
A comida em excesso.

Na sapateira.
O calçado em desuso.

No cabide.
O agasalho esquecido.

Na sala.
O aparelho substituído.

No armário.
A roupa já descartada.

Na cozinha.
A panela de sobra.

Na estante.
O livro repetido.

No lazer.
O brinquedo inútil.

Na prateleira.
O utensílio em dobro.

Na gaveta.
O remédio em demasia.

No quarto.
A coberta dispensável.

No escritório.
O móvel desnecessário.

❧

Tenha na vida o conforto a mais, mas não deixe de ajudar o próximo em dificuldade, a fim de que seu supérfluo seja útil ao irmão desprovido do necessário.

389
CAMINHO CERTO

Questão 718

Conserve a vida para a atividade digna.

ॐ

Trabalhe.
E não se revolte no serviço.

Discurse.
E não se perca no sofisma.

Dirija.
E não provoque acidente.

Ensine.
E não censure o aluno.

Aconselhe.
E não agrida o aflito.

Argumente.
E não falseie o verbo.

Escreva.
E não propague o mal.

Negocie.
E não engane o cliente.

Atenda.
E não faça discriminação.

Chefie.
E não ofenda o subalterno.

❧

Mantenha a saúde para ser útil ao próximo, recordando que a dignidade no trabalho é o caminho certo para a paz de consciência.

390
SEM ABUSO

Questão 719

Busque a vantagem do bem-estar, sem o prejuízo do abuso.

෴

Viagem?
Que seja útil.
Sem luxo.

Casa?
Que seja cômoda.
Sem exagero.

Carro?
Que seja a gosto.
Sem modismo.

Roupa?
Que seja confortável.
Sem extravagância.

Festa?
Que seja agradável.
Sem estroinice.

Passeio?
Que seja benéfico.
Sem excesso.

Exercício?
Que seja bom.
Sem desgaste.

Leitura?
Que seja sadia.
Sem fixação.

❧

Tenha todo o direito ao conforto, mas não transforme o bem-estar de hoje em problema para o futuro.

391
PRAZER INÚTIL

Questão 720

Transforme o prazer inútil em auxílio ao irmão carente.

≈

Droga?
É veneno.
Abandone o vício.
E dê o remédio ao doente.

≈

Gula?
É insensatez.
Fuja do abuso.
E dê o alimento ao faminto.

≈

Embriaguez?
É desgaste.
Largue o hábito.
E dê algum agrado à criança.

❧

Luxo?
É dispensável.
Desista do excesso.
E dê a alguém o necessário.

❧

Prodigalidade?
É desperdício.
Deixe o exagero.
E dê ajuda com bom senso.

❧

Tenha prazer em ser útil, na certeza de que vencer o egoísmo é a privação voluntária mais importante, aquela que conduz ao caminho do amor ao próximo como a si mesmo.

392
PENITÊNCIA

Questão 721

Faça a penitência que seja útil a alguém.

ॐ

Jejum?
Não coma.
Que seja o pão ao faminto.

ॐ

Promessa?
Não vacile.
Que seja de alívio ao aflito.

ॐ

Sacrifício?
Não recue.
Que seja de auxílio ao carente.

❧

Vigília?
Não durma.
Que seja à cabeceira do doente.

❧

Roupa?
Não vista.
Que seja o agasalho ao desnudo.

❧

Bolo?
Não prove.
Que seja a alegria na creche.

❧

Joia?
Não use.
Que seja a doação ao abrigo.

❧

É compreensível que você se sacrifique em favor de seu progresso espiritual, mas entenda que o sacrifício que eleva é o que resulta no bem do próximo.

393
ALIMENTO

Questões 722 a 724

Ganância.
Alimenta a usura.

Vaidade.
Alimenta o orgulho.

Interesse.
Alimenta o egoísmo.

Desânimo.
Alimenta o fracasso.

Ódio.
Alimenta a violência.

Descrença.
Alimenta o desespero.

Intriga.
Alimenta a discórdia.

Inveja.
Alimenta a injustiça.

Desprezo.
Alimenta o abandono.

Ciúme.
Alimenta a suspeita.

Intolerância.
Alimenta a cólera.

Preguiça.
Alimenta o atraso.

෨෧

Evite esses alimentos nocivos à alma e, sob a inspiração do Evangelho, busque a renovação íntima, para que você tenha o amor que alimenta o bem.

394
SACRIFÍCIO

Questão 725

Cultive o sacrifício das imperfeições morais.

૨

Orgulho?
Corte.
E seja humilde.

Vaidade?
Extirpe.
E seja modesto.

Egoísmo?
Elimine.
E seja fraterno.

Vivendo a DOUTRINA ESPÍRITA ૨ 223

Inveja?
Destrua.
E seja solidário.

Ciúme?
Anule.
E seja confiante.

Intriga?
Desfaça.
E seja verdadeiro.

Desforra?
Afaste.
E seja tolerante.

Ódio?
Desconheça.
E seja afetuoso.

Hipocrisia?
Aniquile.
E seja sincero.

Esperteza?
Extinga.
E seja honesto.

Não prejudique o corpo com mortificações desnecessárias, na certeza de que o sacrifício útil para a evolução do Espírito é o que você faz para alcançar a transformação moral.

395
SOFRIMENTO VOLUNTÁRIO

Questões 726 e 727

Verifique o que lhe causa sofrimento no esforço da renovação íntima.

&

É perdão?
Mas ele é nobre.

É tolerância?
Mas ela é útil.

É brandura?
Mas ela pacifica.

É desculpa?
Mas ela ajuda.

É indulgência?
Mas ela favorece.

É humildade?
Mas ela eleva.

É abnegação?
Mas ela conforta.

É paciência?
Mas ela acalma.

É silêncio?
Mas ele resolve.

É renúncia?
Mas ela enaltece.

❧

É inútil sacrificar o corpo em busca de crescimento espiritual, pois o único sofrimento voluntário que vale a pena é aquele que lhe permite cumprir com perseverança o compromisso da transformação moral.

As Leis Morais

Capítulo VI

Lei de destruição

396
DESTRUIÇÃO

Questão 728

Destrua em você as inconveniências que comprometem a transformação moral.

૪૦

A inveja.
Que agride.

O orgulho.
Que humilha.

A raiva.
Que maltrata.

A violência.
Que ataca.

O egoísmo.
Que nega.

A intolerância.
Que irrita.

A mentira.
Que engana.

A intriga.
Que complica.

O ciúme.
Que persegue.

A hipocrisia.
Que falseia.

A grosseria.
Que ofende.

O desprezo.
Que afasta.

ह**

A destruição é lei da Natureza que também age no plano moral, de tal forma que sua renovação íntima só acontece se o ódio que existe em você for destruído, para que o amor possa renascer.

397
CADA VEZ MAIS

Questões 729 e 731

Combata com perseverança seus defeitos morais.

&

É nervoso?
Irrite-se menos.

É ranzinza?
Tolere mais.

É grosseiro?
Agrida menos.

É egoísta?
Ajude mais.

É exaltado?
Grite menos.

É vingativo?
Perdoe mais.

É irônico?
Zombe menos.

É rebelde?
Aceite mais.

É rígido?
Exija menos.

É incrédulo?
Creia mais.

É ciumento?
Duvide menos.

É ocioso?
Trabalhe mais.

É crítico?
Censure menos.

❧

Conserve sempre os sentimentos do bem e, tanto quanto possível, destrua os impulsos maus, a fim de que, na escola da evolução, você erre cada vez menos e acerte cada vez mais.

398
VIDA MELHOR

Questão 730

Orgulho?
É empáfia.

Egoísmo?
É desprezo.

Vaidade?
É jactância.

Inveja?
É cobiça.

Ciúme?
É suspeita.

Cólera?
É estouro.

Agressão?
É ataque.

Despeito?
É incômodo.

Hipocrisia?
É mentira.

Usura?
É interesse.

Intriga?
É confusão.

Preguiça?
É atraso.

Vingança?
É engano.

Ódio?
É doença.

❧

Fique certo de que a morte de cada uma dessas inconveniências é passo importante para uma vida melhor.

Vivendo a DOUTRINA ESPÍRITA

399
EM VOCÊ

Questões 732 e 733

Enquanto houver em você

intolerância
que perturba,

fantasia
que estorva,

capricho
que rejeita,

futilidade
que desvia,

rigidez
que agride,

teimosia
que insiste,

estupidez
que ofende,

antipatia
que afasta,

frieza
que repele,

petulância
que ordena,

mentira
que oculta,

raiva
que excita,

prepotência
que oprime,

enquanto existir qualquer obstáculo ao aperfeiçoamento íntimo, a destruição dessas imperfeições será necessária, a fim de que o mal seja eliminado e o bem prevaleça em seu caminho.

400

HARMONIA

Questões 734 a 736

A conservação da vida às vezes exige a destruição de seres vivos.

❧

Na infecção.
O germe ameaça.
O remédio defende.
E destrói o germe.
Mantém-se a saúde.

No campo.
A praga ameaça.
O veneno defende.
E destrói a praga.
Salva-se o alimento.

Na epidemia.
O vírus ameaça.
O corpo se defende.
E destrói o vírus.
Tem-se o equilíbrio.

No pântano.
O mosquito ameaça.
O inseticida defende.
E destrói o mosquito.
Evita-se a doença.

Na mata.
A fera ameaça.
A arma defende.
E destrói a fera.
Afasta-se o perigo.

Na choupana.
O morcego ameaça.
O combate defende.
E destrói o morcego.
Impede-se a raiva.

❧

Conservar e destruir são situações que se equilibram na harmonia da vida. Contudo, a destruição pura e simples, por prazer ou esporte, é sinal evidente de que a inferioridade está conservada e a transformação moral, destruída.

Vivendo a DOUTRINA ESPÍRITA ❧ 237

401
FLAGELOS DESTRUIDORES

Questões 737 a 740

Tempestade.
Que desaba.
E perturba.

Enchente.
Que alaga.
E desabriga.

Inundação.
Que destrói.
E prejudica.

Raio.
Que cai.
E mata.

Furacão.
Que devasta.
E desespera.

Nevasca.
Que invade.
E desatina.

Epidemia.
Que se alastra.
E desnorteia.

Vulcão.
Que vomita.
E aniquila.

Avalanche.
Que desliza.
E soterra.

Ventania.
Que arrasa.
E desorienta.

๖๛

Tais flagelos destruidores denunciam a condição expiatória da casa terrestre e, por isso, diante deles, rogue a Deus paciência e resignação, a fim de que não lhe falte fé e esperança para seguir adiante e acreditar que a dor agora é prenúncio de alívio no futuro.

Vivendo a DOUTRINA ESPÍRITA ๖๛ 239

402
FLAGELOS MORAIS

Questões 740 e 741

Considere os flagelos morais que causam tanto infortúnio quanto as calamidades físicas.

à

Tortura.
E homicídio.

Furto.
E corrupção.

Hipocrisia.
E mentira.

Egoísmo.
E avareza.

Suicídio.
E crime.

Tóxico.
E vício.

Roubo.
E usura.

Intriga.
E calúnia.

Cólera.
E agressão.

Fraude.
E esperteza.

Preconceito.
E racismo.

Orgulho.
E prepotência.

Ódio.
E perseguição.

❧

Esses flagelos podem ser evitados, desde que você reconheça que a conquista do bem depende essencialmente da transformação moral.

403
GUERRA FÁCIL

Questões 742 e 743

Se você trata o próximo com

rispidez
e grosseria,

provocação
e ofensa,

intriga
e mentira,

gracejo
e calúnia,

zombaria
e insulto,

falsidade
e desprezo,

humilhação
e abuso,

descortesia
e violência,

vergonha
e injustiça,

enfado
e irritação,

desgosto
e tédio,

relutância
e antipatia,

prepotência
e indiferença,

se você age dessa forma na convivência diária, semeia dissabores à sua volta e é certo que não faz qualquer esforço para a transformação moral, mas faz, com toda a certeza, a guerra fácil, aquela que destrói facilmente a oportunidade do bem.

404
GUERRA NECESSÁRIA

Questões 744 e 745

Combata com rigor a inferioridade moral.

❧

A negligência.
Que prejudica

A preguiça.
Que atrasa.

A arrogância.
Que humilha.

A inveja.
Que compete.

O ciúme.
Que maltrata.

A avareza.
Que esconde.

O egoísmo.
Que sonega.

A hipocrisia.
Que falseia.

A vingança.
Que ataca.

O ódio.
Que condena.

A esperteza.
Que engana.

O desprezo.
Que magoa.

A agressão.
Que machuca.

A prepotência.
Que espezinha.

❧

Use o roteiro do Evangelho como logística imprescindível nessa guerra necessária e, com certeza, sua vitória será a conquista do bem e o progresso espiritual.

405
NÃO MATE

Questões 746 e 747

Não mate a esperança de quem passa pela provação difícil.

෨

O mendigo.
Que pede atenção.

O doente.
Que está sofrendo.

A criança.
Que suplica amparo.

O faminto.
Que deseja alimento.

O idoso.
Que anseia por apoio.

A mãe.
Que se aflige pelo filho.

O asilado.
Que está longe de casa.

O infeliz.
Que chora sua desdita.

O órfão.
Que vive sem família.

O solitário.
Que quer companhia.

❧

Diante deles, sustenta-lhes o ânimo e a coragem, na certeza de que o amor é a essência da vida e o que mata a oportunidade de viver é a indiferença do egoísmo.

406
LEGÍTIMA DEFESA

Questões 748 e 749

Defenda-se da agressão alheia com bom senso e prudência.

※

Afaste-se.
A distância protege.

Não provoque.
A ofensa incendeia.

Esquive-se.
O desvio salva.

Não zombe.
A ironia complica.

Converse.
O diálogo acalma.

Não censure.
A crítica agrava.

Esclareça.
A verdade convence.

Não agrida.
O ataque prejudica.

Tolere.
A paciência acalma.

Não abuse.
O acinte desanda.

ॐ

Legítima defesa é ato de desespero para salvar a própria vida, pois, de acordo com a Justiça Humana, matar para não morrer é, muitas vezes, a única defesa. Contudo, somente a Justiça Divina julgará a real intenção.

407

DELITOS MORAIS

Questões 750 e 751

Repare nessas atitudes.

ə

Indiferença.
À família.

Abandono.
Do lar.

Desamor.
Ao filho.

Desrespeito.
Aos pais.

Desprezo.
Ao parente.

Ironia.
Ao colega.

Mentira.
Ao chefe.

Traição.
Ao amigo.

Raiva.
Ao irmão.

Intriga.
No serviço.

Inveja.
Ao outro.

Infidelidade.
Ao cônjuge.

❧

Esses delitos morais, em suas manifestações no cotidiano, nem sempre estão ao alcance das leis humanas, mas não escapam à observação do Código Divino, porque tais infrações são, na realidade, verdadeiros crimes contra o amor ao próximo.

Vivendo a DOUTRINA ESPÍRITA ❧ 251

408
CRUELDADE

Questões 752 a 754

Afaste de sua rotina a crueldade no relacionamento familiar.

ε♣

A acusação injusta.
À esposa.

O verbo contundente.
Contra a nora.

O tapa humilhante.
No filho.

O beliscão doloroso.
No neto.

A frase agressiva.
À sogra.

A conduta insensível.
Com a mãe.

O diálogo insultante.
Com o pai.

A alusão desairosa.
Ao primo.

A suspeita incabível.
Sobre o irmão.

A insinuação maldosa.
Contra o sogro.

A resposta ofensiva.
Ao tio.

A atitude degradante.
Com o parente.

❧

Busque nas lições do Evangelho o roteiro de sua renovação íntima, a fim de que a crueldade ainda presente em você se transforme na fraternidade amorável que enxerga, no próximo, o irmão do caminho.

Vivendo a DOUTRINA ESPÍRITA ❧ 253

409
INSTINTO CRUEL

Questões 755 e 756

Existem realmente os que revelam instinto cruel na conduta diária.

ॐ

Espancam.
Com violência.

Torturam.
Sem piedade.

Perseguem.
Com ódio.

Matam.
Sem compaixão.

Assaltam.
Com maldade.

Estupram.
Sem dó.

Subjugam.
Com ameaças.

Ofendem.
Sem motivo.

Atacam.
Com brutalidade.

Exploram.
Sem limites.

෫෫

Diante deles, rogue a Deus que os ilumine no esforço de renovação íntima, a fim de que, transformados pelas lições do Evangelho, libertem-se do instinto do mal e se tornem, mais tarde, mensageiros do bem.

410
DUELOS MODERNOS

Questões 757 e 758

Eles acontecem em toda parte.

ঌ

Na rua.
A desavença fácil.

No trânsito.
A briga desnecessária.

Em casa.
A discussão familiar.

Na herança.
A disputa pelos bens.

No esporte.
A violência inútil.

No trabalho.
A competição tola.

No casamento.
A ofensa recíproca.

No grupo.
A querela estéril.

Na escola.
A rixa entre alunos.

No estádio.
A discórdia de torcidas.

❧

Os duelos persistem, ainda hoje, sob nova roupagem, e os contendores, longe dos ensinamentos do Evangelho, agridem-se uns aos outros, usando como armas a intolerância e o desamor.

Vivendo a DOUTRINA ESPÍRITA ❧ 257

411

PONTO DE HONRA

Questão 759

Não se renda à tentação do duelo gratuito.

દ્જ

Ofensa?
Não reaja.

Ironia?
Não responda.

Desprezo?
Não ligue.

Agressão?
Não revide.

Afronta?
Não devolva.

Intriga?
Não questione.

Insulto?
Não replique.

Polêmica?
Não entre.

Provocação?
Não se envolva.

Desafio?
Não aceite.

❧

Não se iluda com a ideia de que a dignidade ofendida somente se resgata pelo repto ao ofensor, na certeza de que o ponto de honra que realmente importa é a defesa do bem em qualquer circunstância.

412
ELIMINE

Questões 760 a 765

Orgulho.
E desprezo.

Ofensa.
E ironia.

Vaidade.
E egoísmo.

Inveja.
E ciúme.

Esperteza.
E usura.

Vingança.
E agressão.

Raiva.
E cólera.

Hipocrisia.
E mentira.

Avareza.
E preguiça.

Violência.
E ódio.

ಱ

Elimine por completo tais sentimentos inferiores, a fim de que você tenha êxito na transformação moral.

As Leis Morais

Capítulo VII

Lei de sociedade

413
VIDA SOCIAL

Questões 766 a 768

Não se exclua da comunidade.

૨ગ્

Reunião?
Frequente.

Campanha?
Atenda.

Assembleia?
Compareça.

Comemoração?
Participe.

Evento?

Vá.

Debate?

Assista.

Dificuldade?

Ajude.

Beneficência?

Contribua.

Cultura?

Apoie.

Calamidade?

Apresente-se.

᠗

Não se ausente das atividades comunitárias e não se isole da vida social, na certeza de que aquele que se afasta do próximo deixa também de ser o próximo de alguém.

414
CONVIVÊNCIA SOCIAL

Questões 769 e 770

Dê alguma coisa a alguém em precisão.

❧

Alimento.
Ao faminto.

Roupa.
Ao desnudo.

Remédio.
Ao enfermo.

Sapato.
Ao descalço.

Agasalho.
Ao idoso.

Coberta.
Ao acamado.

Recurso.
À gestante.

Enxoval.
Ao bebê.

Leite.
À criança.

Caderno.
Ao aluno.

Auxílio.
Ao mendigo.

Abrigo.
Ao andarilho.

Ajuda.
Ao solitário.

Socorro.
Ao acidentado.

৵

Não evite a convivência social e, tanto quanto possível, ampare o outro em necessidade, lembrando que, quando você dá ao próximo o bem de que ele precisa, está dando a si mesmo o bem que almeja.

415
ISOLAMENTO

Questão 771

Isole-se das manifestações inferiores, buscando a transformação moral;

do egoísmo –
para ser fraterno;

do orgulho –
para ser humilde;

da irritação –
para ser paciente;

da vaidade –
para ser modesto;

da violência –
para ser pacífico;

da cólera –
para ser calmo;

da intolerância –
para ser indulgente;

da mentira –
para ser sincero;

da grosseria –
para ser brando;

da perfídia –
para ser leal;

da inveja –
para ser solidário;

da mágoa –
para ser benevolente.

❦

Tais isolamentos são úteis à sua renovação íntima, mas também benéficos ao próximo, pois, quando você se isola do mal, na realidade já começa a fazer o bem.

416
VOTO DE SILÊNCIO

Questão 772

Use o silêncio no momento certo.

❧

A palavra ofende?
Não devolva.

A discussão azeda?
Não entre.

A ironia incomoda?
Não reaja.

O desprezo irrita?
Não reclame.

A agressão machuca?
Não comente.

A polêmica convida?
Não aceite.

A alegação deprime?
Não responda.

A gritaria perturba?
Não interfira.

O passeio fracassa?
Não acuse.

A conversa desanda?
Não prossiga.

❧

O silêncio é sempre recurso útil na hora difícil,
mas o voto que vale a pena é o compromisso com o
bem, em qualquer circunstância.

417

LAÇOS DE FAMÍLIA

Questões 773 a 775

Encare o familiar difícil com benevolência.

ॐ

Severo?
Respeite.

Protetor?
Agradeça.

Egoísta?
Releve.

Colérico?
Suporte.

Ciumento?
Entenda.

Fraco?
Ajude.

Insensato?
Aconselhe.

Irônico?
Tolere.

Confuso?
Oriente.

Hipócrita?
Reconheça.

Injusto?
Admita.

Irritado?
Desculpe.

❧

Cultive os laços de família, qualquer que seja a condição da parentela, pois a fraternidade no círculo familiar é o começo da jornada rumo ao amor universal.

As Leis Morais

Capítulo VIII

Lei do progresso

418
EXIGÊNCIAS DO PROGRESSO

Questões 776 a 778

O progresso exige

estudo –
que ensina;

trabalho –
que adestra;

disciplina –
que educa;

pesquisa –
que descobre;

saber –
que melhora;

raciocínio –
que clareia;

sensatez –
que distingue;

dedicação –
que cria;

projeto –
que planeja;

tirocínio –
que executa;

cultura –
que aprimora;

ciência –
que avança.

❧

O progresso exige sacrifícios para a conquista dos benefícios da civilização, mas é fácil verificar a vantagem desse esforço, pois, para combater a escuridão, você apenas acende uma lâmpada e não, a fogueira.

419
BÚSSOLA

Questões 779 a 781

Conquiste o progresso na razão e no sentimento.

🙢

Estudo.
E tolerância.

Ciência.
E fraternidade.

Conhecimento.
E perdão.

Arte.
E mansuetude.

Literatura.
E benevolência.

Música.
E compaixão.

Poesia.
E indulgência.

Cálculo.
E bondade.

Pintura.
E compreensão.

Pesquisa.
E amor.

❧

Conheça e, seguindo o roteiro do Evangelho, transforme-se para melhor, na certeza de que a aliança da inteligência com a transformação moral é a bússola que você precisa para acertar o caminho do bem.

420
CRISES

Questões 782 e 783

Seca.
E epidemia.

Fome.
E inundação.

Violência.
E criminalidade.

Corrupção.
E insegurança.

Sequestro.
E impunidade.

Tirania.
E repressão.

Desgoverno.
E anarquia.

Leviandade.
E devassidão.

Vício.
E promiscuidade.

Miséria.
E inconformação.

Riqueza.
E prodigalidade.

Furacão.
E tempestade.

Terremoto.
E destruição.

Injustiça.
E revolta.

❧

Estas situações, tão difíceis e que trazem tanto desconforto, são crises que levam a transformações e ao progresso, da mesma forma que o estrume malcheiroso é o adubo providencial que transforma a planta carunchenta em árvore vigorosa.

Vivendo a DOUTRINA ESPÍRITA ❧ 279

421
IMPEDIMENTOS

Questões 784 e 785

Você quer a renovação íntima, mas enfrenta obstáculos.

୬

Humildade?
Não consegue.

Doação?
Não faz.

Modéstia?
Não adquire.

Perdão?
Não concede.

Benevolência?
Não alcança.

Caridade?
Não exerce.

Franqueza?
Não usa.

Calma?
Não obtém.

Brandura?
Não atinge.

Compreensão?
Não revela.

Próximo?
Não enxerga.

Amor?
Não aumenta.

❧

Enfim, você anseia pelas qualidades do bem, mas o orgulho e o egoísmo, arraigados em sua intimidade, são impedimentos ao esforço de transformação moral.

422
POVOS E FAMÍLIAS

Questão 786

Tanto quanto os povos, as famílias também sofrem abalos que levam a consequências funestas.

಺

O egoísmo leva
ao interesse.

O interesse,
à inveja.

A inveja,
à discórdia.

A discórdia,
ao conflito.

O conflito,
à agressão.

A agressão,
à mágoa.

A mágoa,
à revolta.

A revolta,
ao desespero.

O desespero,
à insensatez.

A insensatez,
à indiferença.

A indiferença,
à separação.

A separação leva
ao desastre.

❧

Um povo é o conjunto de famílias, como a família é a reunião de indivíduos, de forma que famílias e povos só estarão no caminho do bem se cada indivíduo fizer sua parte, buscando, no roteiro do Evangelho, a própria transformação moral.

423
INDIFERENÇA

Questão 787

Não hesite em mudar para melhor.

🙾

Combata o orgulho.
Ele envenena.

Ataque o egoísmo.
Ele adoece.

Abandone o ódio.
Ele intoxica.

Largue a irritação.
Ela incomoda.

Desista da ironia.
Ela machuca.

Fuja da violência.
Ela atrasa.

Deixe a intolerância.
Ela agride.

Afaste a inveja.
Ela destrói.

Impeça a discórdia.
Ela desune.

Espante o ciúme.
Ele complica.

❧

É verdade que existem comunidades ainda mergulhadas nos desatinos e no interesse próprio, insensíveis ao progresso moral. Contudo, isso só acontece porque existe a indiferença de cada um ao compromisso de renovação íntima.

424
APERFEIÇOAMENTO

Questão 788

Não confunda o sentimento do bem com outras emoções.

ॐ

Humildade.
Não é bajulação.

Perdão.
Não é fraqueza.

Paciência.
Não é conformismo.

Tolerância.
Não é cumplicidade.

Indulgência.
Não é omissão.

Paz.
Não é comodismo.

Brandura.
Não é covardia.

Concórdia.
Não é submissão.

Caridade.
Não é conivência.

Amor.
Não é paixão.

Fraternidade.
Não é servilismo.

Benevolência.
Não é esperteza.

≈

Os povos, como as pessoas, estão predestinados à conquista do bem, através do progresso em sucessivas existências. Contudo, para que este objetivo seja alcançado, os membros da comunidade devem entender que o aperfeiçoamento de todos começa com a transformação moral de cada um.

425
AMANHÃ

Questão 789

Use a caridade em seus relacionamentos.

৯৯

Parente difícil?
Conviva.

Vizinho apático?
Sorria.

Colega ofensivo?
Desculpe.

Amigo ranzinza?
Tolere.

Chefe exigente?
Atenda.

Auxiliar relapso?
Oriente.

Irmão agressivo?
Perdoe.

Familiar carente?
Ampare.

Pai irritado?
Entenda.

Mãe sensível?
Afague.

Filho ingrato?
Ame.

Alguém amargo?
Compreenda.

¿🝱

Não esqueça o bem na convivência diária, certo de que seu gesto de caridade a cada um, hoje, é o alicerce para que, amanhã, o amor ao próximo seja rotina entre as nações.

426
NÃO SE DESCUIDE

Questões 790 a 792

Compre.
Gaste.
O que seja possível.

Adquira.
Guarde.
O que seja preciso.

Produza.
Negocie.
O que seja decente.

Estude.
Conheça.
O que seja nobre.

Pesquise.
Descubra.
O que seja útil.

Pinte.
Exponha.
O que seja arte.

Converse.
Ensine.
O que seja bom.

Discuta.
Argumente.
O que seja justo.

Toque.
Cante.
O que seja melódico.

Escreva.
Divulgue.
O que seja instrutivo.

೬

Use os benefícios da civilização, mas não se descuide do aprimoramento íntimo, a fim de que a inteligência, desenvolvida e impregnada de objetivos imediatistas, não atrase seu progresso moral.

Vivendo a DOUTRINA ESPÍRITA ೬ 291

427
MAIS ADIANTE

Questão 793

Tenha recurso.
E seja desprendido.

Tenha esperança.
E seja solidário.

Tenha paciência.
E seja tolerante.

Tenha calma.
E seja brando.

Tenha fé.
E seja confiante.

Tenha caridade.
E seja fraterno.

Tenha paz.
E seja manso.

Tenha ciência.
E seja humilde.

Tenha compaixão.
E seja indulgente.

Tenha bondade.
E seja útil.

Tenha inteligência.
E seja generoso.

Tenha poder.
E seja justo.

Tenha amor.
E seja benevolente.

ও

Tenha o esforço da transformação moral e seja melhor a cada dia, agindo conforme os ensinamentos do Evangelho, na certeza de que, com seu exemplo do bem, o meio em que você vive hoje será, mais adiante, berço da civilização completa.

428

DE VOLTA

Questões 794 e 795

O mundo tem legislação que disciplina a atividade humana:

registra –
o nascimento,

escritura –
a propriedade,

consolida –
a posse,

documenta –
o matrimônio,

estrutura –
a educação,

institui –
a escola,

organiza –
o governo,

defende –
o cidadão,

ordena –
o trabalho,

estabelece –
a previdência,

mantém –
a segurança.

garante –
a saúde,

aponta –
direitos,

determina –
obrigações.

૪૯

Vivendo a DOUTRINA ESPÍRITA ૪૯ 295

O mundo tem leis que nem sempre atendem ao imperativo da fraternidade, mas à medida que todos façam a própria transformação moral, a sociedade transformada, com o tempo, trará de volta a lei natural, lei esta que procede de Deus e que, no Evangelho, Jesus resumiu em única frase: "Amai-vos uns aos outros como Eu vos amei".

429
NO FUTURO

Questões 796 e 797

Culpa.
E legítima defesa.

Julgamento.
E decisão.

Juiz.
E sentença.

Condenação.
E absolvição.

Tribunal.
E recurso.

Prisão.
E liberdade.

Custódia.
E pena de morte.

Comutação.
E condicional.

Comportamento.
E indulto.

Vigilância.
E fuga.

Segurança.
E disciplina.

Cárcere.
E rebelião.

❧

Estas situações são regidas por leis penais, mais ou menos severas, de acordo com as circunstâncias. Contudo, se cada um buscar a renovação íntima, conforme o roteiro de Evangelho, a legislação humana vai sendo influenciada pela lei natural, de tal forma que, no futuro, o transgressor das normas de convivência receberá tratamento educativo, em vez de punição no presídio.

430

PROGRESSO MORAL

Questão 798

Se você é espírita, honre o Espiritismo com sua conduta no bem.

৵

Não se irrite.
Tolere.

Não revide.
Perdoe.

Não descreia.
Confie.

Não agrida.
Entenda.

Não se acomode.
Trabalhe.

Não se ofenda.
Desculpe.

Não ignore.
Aprenda.

Não critique.
Dialogue.

Não grite.
Ensine.

Não despreze.
Ajude.

Não ironize.
Respeite.

Não se imponha.
Argumente.

❧

Estude e conheça as bases doutrinárias, mas trate também de sua renovação íntima, na certeza de que a influência do Espiritismo no progresso depende essencialmente do progresso moral do espírita.

431
JUGO MATERIAL

Questões 799 e 800

Afaste de seu caminho o jugo material.

ࢹ

Carro?
Que seja novo,
mas sem ostentação.

Roupa?
Que seja a gosto,
mas sem pompa.

Aparência?
Que seja cuidada,
mas sem presunção.

Corpo?
Que seja saudável,
mas sem vaidade.

Casa?
Que seja moderna,
mas sem luxo.

Bens?
Que sejam vários,
mas sem apego.

Negócio?
Que seja lucrativo,
mas sem abuso.

Fortuna?
Que seja honesta,
mas sem obsessão.

Convivência?
Que seja ampla,
mas sem preconceito.

೫

Busque, a cada dia, o compromisso com o bem e, certo de que a vida espiritual é seu futuro, livre-se da tirania do materialismo, seguindo o roteiro do Evangelho para sua transformação moral.

432
COM EXEMPLO

Questões 801 e 802

Ajude, com o próprio exemplo, o Espiritismo a marcar o progresso da Hmanidade.

ॐ

Cultive a fé. A confiança em Deus é luz no caminho.

Esqueça toda ofensa. A mágoa não é boa companhia.

Mantenha a tolerância. A paz é consequência de esforço próprio.

Perdoe a falta. A vingança envenena o bom sentimento.

Vivendo a DOUTRINA ESPÍRITA ॐ 303

Aja com sensatez. O bom senso é garantia de equilíbrio.

Analise a mediunidade. O crivo da razão é obrigatório na comunicação espiritual.

Estude sempre. A ignorância doutrinária é propaganda negativa.

Seja leal. A Codificação Kardequiana é a essência do conhecimento espírita.

Siga o Evangelho. A palavra de Jesus é roteiro de renovação íntima.

Viva com esperança. O desespero é abismo em qualquer circunstância.

Ajude o outro. O amor ao próximo é a certeza do bem na convivência.

୬

Faça de sua conduta um esforço de reforma interior, certo de que o melhor apoio ao Espiritismo é a transformação moral do espírita.

As Leis Morais

Capítulo IX

Lei de igualdade

433
IGUALDADE

Questão 803

Você está no mundo e conhece os que vivem nele.

❧

Os justos.
Que praticam a justiça.

Os celerados.
Que se entregam ao crime.

Os lúcidos.
Que utilizam a razão.

Os insensatos.
Que fogem ao bom senso.

Os mansos.
Que agem com brandura.

Os violentos.
Que agridem por prazer.

Os virtuosos.
Que dignificam a vida.

Os corruptos.
Que desonram a si próprios.

Os honestos.
Que exaltam a verdade.

Os hipócritas.
Que manipulam a mentira.

Os generosos.
Que constroem com o amor.

Os imperfeitos.
Que destroem com o ódio.

❧

Todos são iguais perante Deus e com a mesma oportunidade de crescimento espiritual, mas diferentes entre si, pois enquanto uns estacionam nos sentimentos inferiores, outros buscam o território do bem, a caminho da transformação moral.

434
APTIDÃO

Questões 804 e 805

O arquiteto.
E a planta.

O engenheiro.
E o cálculo.

O servente.
E a massa.

O pedreiro.
E o tijolo.

O armador.
E o ferro.

O carpinteiro.
E o telhado.

O encanador.
E a água.

O serralheiro.
E o metal.

O eletricista.
E a energia.

O pintor.
E as cores.

O marceneiro.
E a madeira.

O vidraceiro.
E o vidro.

O decorador.
E o arranjo.

O jardineiro.
E as flores.

❧

Cada um com sua habilidade e todos juntos no trabalho útil, com a certeza de que um não pode fazer tudo, mas todos podem conquistar a aptidão para o bem, aprendendo que a construção mais importante é a transformação moral.

435
OBJETIVO DEFINIDO

Questões 806 e 807

A reencarnação aproveita a desigualdade social para objetivos definidos.

ஜ

Fortuna?
É realização.

Pobreza?
É esforço.

Vigor?
É serviço.

Dor?
É expiação.

Ignorância?
É aprendizado.

Cultura?
É compromisso.

Missão?
É tarefa.

Provação?
É teste.

Mando?
É oportunidade.

Obediência?
É reajuste.

Doença?
É resgate.

Saúde?
É trabalho.

¿&

A desigualdade social no mundo, efeito da imperfeição humana, é utilizada pela Lei Divina para o aperfeiçoamento do Espírito, da mesma forma que o remédio, de gosto amargo ou não, é o instrumento destinado a recuperar a harmonia do organismo.

436

FERRAMENTA ÚTIL

Questões 808 a 810

Faça de sua riqueza ferramenta útil ao progresso e ao bem comum.

ॐ

Edifique a indústria.
E auxilie a criança na creche.

Realize o comércio.
E ampare o idoso no abrigo.

Erga a construtora.
E favoreça o desabrigado.

Produza o leite.
E ajude o bebê desnutrido.

Colha o grão.
E alimente o faminto.

Funcione a tecelagem.
E vista o carente.

Fabrique o remédio.
E socorra o doente pobre.

Mantenha o lanifício.
E agasalhe o irmão com frio.

Amplie os bens familiares.
E cuide da família necessitada.

Multiplique os negócios.
E pratique sempre a caridade.

ૐ

Use a fortuna com bom senso e longe do egoísmo, na certeza de que a riqueza mais importante é o bem acumulado em favor de todos.

No ano de 1963, **FRANCISCO CÂNDIDO XAVIER** ofereceu, a um grupo de voluntários, o entusiasmo e a tarefa de fundarem um Anuário Espírita. Nascia, então, o Instituto de Difusão Espírita - IDE, cujo nome e sigla foram também sugeridos por ele.

A partir daí, muitos títulos foram sendo editados e o Instituto de Difusão Espírita, entidade assistencial, sem fins lucrativos, mantém-se fiel à sua finalidade de divulgar a Doutrina Espírita através da IDE Editora, tendo como foco principal as Obras Básicas da Codificação, sempre a preços populares, além dos seus mais de 300 títulos em português e espanhol, muitos psicografados por Chico Xavier

O Instituto de Difusão Espírita conta também com outras frentes de trabalho, voltadas à assistência e promoção social, como o Albergue Noturno, evangelização, orientação para mães e gestantes, oficinas de enxovais para recém-nascidos, entrega de leite em pó, vestuário e cestas básicas, assistência médica, farmacêutica, odontológica, tudo gratuitamente.

Este e outros livros da **IDE Editora** subsidiam a manutenção do baixíssimo preço das **Obras Básicas, de Allan Kardec**, mais notadamente, "**O Evangelho Segundo o Espiritismo**", edição econômica.

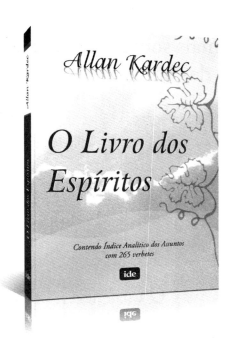

O Livro dos Espíritos
Allan Kardec

Na forma de perguntas e respostas, os Espíritos explicaram tudo o que a Humanidade estava preparada para receber e compreender, esclarecendo-a quanto aos eternos enigmas de sabermos de onde viemos, por que aqui estamos, e para onde vamos, facilitando, assim, ao homem, a compreensão dos mais difíceis problemas que o envolvem.
Todas essas explicações estão contidas neste livro.
Allan Kardec, quando redigiu seus livros, escreveu para o povo, em linguagem simples, e, sendo esta uma tradução literal, a linguagem simples original ficou preservada.

www.ideeditora.com.br

Conheça mais sobre a Doutrina Espírita através das obras de **Allan Kardec**

www.ideeditora.com.br

OUTRAS OBRAS DO AUTOR ▶ ANTÔNIO BADUY FILHO

Vivendo o Evangelho I   **Vivendo o Evangelho II**

Espírito *ANDRÉ LUIZ*

Importante trabalho do conceituado médium Antônio Baduy Filho que, desde 1969, vem psicografando mensagens do Espírito André Luiz, inclusive em sessões públicas na Comunhão Espírita Cristã, junto ao saudoso médium Chico Xavier.

As páginas que compõem esta obra, dividida nos volumes I e II, resultam de mensagens recebidas nos cultos evangélicos realizados no Sanatório Espírita José Dias Machado, de Ituiutaba, MG, onde o médium realiza trabalho voluntário como médico e diretor clínico.

Trata-se de um estudo, item por item, além do Prefácio e da Introdução, de todos os capítulos de O Evangelho Segundo o Espiritismo, através de preciosos e precisos comentários, do terceiro livro do Pentateuco Kardequiano.

Em ensinamentos claramente expostos pelo Espírito André Luiz, o leitor se sentirá agraciado com um verdadeiro guia para sua evolução a caminho da verdadeira felicidade.

Para o iniciante na Doutrina Espírita, vale lembrar que o Espírito André Luiz nos legou, através de Chico Xavier, notáveis informações sobre a vida no mais além, principalmente na série iniciada pela consagrada obra Nosso Lar, editada pela Federação Espírita Brasileira.

www.ideeditora.com.br

OUTRAS OBRAS DO AUTOR ▶ ANTÔNIO BADUY FILHO

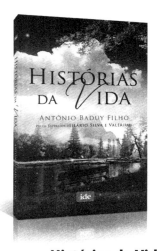

Decisão
Espírito *ANDRÉ LUIZ*

Embora patrimônio da razão, o processo decisório vincula-se ao sentimento.

Ninguém decide sem um motivo e o motivo incorpora afeto.

Por isso, o Espiritismo, revivendo o Evangelho de Jesus, é apelo à fé raciocinada, mas também é chamamento à renovação íntima.

Sem transformação moral, a inteligência sujeita-se aos impulsos primitivos e as decisões beiram a inconsequência do mal.

Estas páginas despretensiosas são um convite a que te decidas pelo Bem.

Histórias da Vida
Espíritos *Hilário Silva e Valérium*

Nesta obra, os Espíritos Hilário Silva e Valérium relatam, em capítulos alternados, de maneira clara, concisa, e sem quaisquer expressões mais rebuscadas, histórias de muito sentimento, geralmente com finais inesperados e surpreendentes. Diversas situações comuns da vida são aqui abordadas com preciosos ensinamentos para o nosso dia a dia. Relatam vivências em que a inveja, o descaso, a irresponsabilidade, o excesso e muitos outros deslizes da inferioridade humana acarretam-nos os sofrimentos que podem nos causar os vários equívocos de nossa vida. Em contrapartida, o próprio texto nos leva a conhecer o correto trilhar em busca do aprimoramento espiritual.

www.ideeditora.com.br

OUTRAS OBRAS DO AUTOR ▸ ANTÔNIO BADUY FILHO

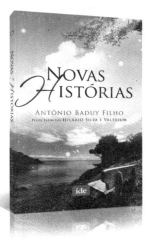 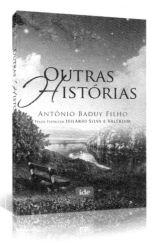

Novas Histórias **Outras Histórias**

Espíritos *Hilário Silva e Valérium*

Da série "Histórias da Vida", as presentes páginas nos trazem novos relatos, recolhidos de fatos reais e disfarçados no necessário anonimato.

A experiência de cada personagem relatada com simplicidade e comentada à luz do bem, ensina-nos o respeito às leis divinas, caracterizando esta obra como um precioso manual de vida.

Um livro útil àquele que se dispõe ao aperfeiçoamento íntimo, sempre de acordo com os ensinamentos do Evangelho e com a bênção de Jesus.

Da série "Histórias da Vida", os Espíritos Hilário Silva e Valérium relatam autênticos casos da vida comum, permitindo-nos extrair proveitosas lições para a tão necessária renovação íntima.

No desfilar de cada personagem, encontraremos sempre uma lição a permitir que nos livremos dos sofrimentos que a inveja, a ganância, o orgulho, a vaidade, o egoísmo e o ódio podem nos causar.

E que o amor a Deus e aos nossos semelhantes representam, realmente, as benditas chaves a livrar-nos de nossas próprias algemas de dor.

www.ideeditora.com.br

IDEEDITORA.COM.BR

*

Acesse e cadastre-se para receber
informações sobre nossos lançamentos.

TWITTER.COM/IDEEDITORA
FACEBOOK.COM/IDE.EDITORA
EDITORIAL@IDEEDITORA.COM.BR

ide

IDE Editora é apenas um nome fantasia utilizado pelo INSTITUTO DE DIFUSÃO ESPÍRITA, entidade sem fins lucrativos, que promove extenso programa de assistência social, e que detém os direitos autorais desta obra.